闽台婚育文化大观

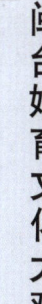闽南篇

河洛琴瑟

林 星 ◎ 著

中国人口出版社
China Population Publishing House
全国百佳出版社

图书在版编目（CIP）数据

河洛琴瑟 / 林星著. —北京：中国人口出版社，2012.3
（闽台婚育文化大观. 闽南篇）
ISBN 978–7–5101–1111–2

Ⅰ.①河… Ⅱ.①林… Ⅲ.①婚姻—风俗习惯—福建省②生育—风俗习惯—福建省 Ⅳ.①K892.2

中国版本图书馆 CIP 数据核字（2012）第 045915 号

闽台婚育文化大观・闽南篇
河洛琴瑟

出版发行	中国人口出版社
印　　刷	北京和谐彩色印刷有限公司
开　　本	787 毫米×1092 毫米 1/16
印　　张	7.875
字　　数	120 千
版　　次	2012 年 3 月第 1 版
印　　次	2012 年 3 月第 1 次印刷
书　　号	ISBN 978–7–5101–1111–2
定　　价	28.00 元

社　　长	陶庆军
网　　址	www.rkcbs.net
电子信箱	rkcbs@126.com
电　　话	(010) 83519390
传　　真	(010) 83519401
地　　址	北京市宣武区广安门南街 80 号中加大厦
邮　　编	100054

版权所有　侵权必究　质量问题　随时退换

丛书编辑委员会名单

主　编：雍秀英　福建省人口和计划生育委员会原主任
　　　　池秋娜　福建省人口和计划生育委员会主任

副主编：游振伟　福建省人口和计划生育委员会副主任
　　　　刘大可　中共福建省委党校副校长、教授
　　　　王华宁　国家人口和计划生育委员会宣教司副巡视员

编　审：刘大可
　　　　陈秀珍　福建省人口和计划生育委员会宣教处原处长
　　　　徐正平　福建省人口和计划生育委员会宣教处处长

总 序
ZONGXU

一轴五彩斑斓的婚育画卷
中共福建省委常委、副省长 陈 桦

  《闽台婚育文化大观》丛书即将付梓，主编邀我为之作序，想到《闽台婚育文化大观》丛书（下称《丛书》）是我省首部关于闽台婚育文化的丛书，集学术性、知识性、趣味性于一体，着实难能可贵，于是欣然提笔，算作我对《丛书》问世的祝贺吧！

  婚育文化是人们在婚姻、生育及其相关活动中形成的意识形态和相应的规范制度，即人们在婚姻、家庭、生育、节育等活动中形成的思想理论、价值观念、知识能力、风俗习惯、伦理道德、行为规范等，它伴随着人类社会的产生而产生，伴随着人类社会的发展而发展，始终与广大人民群众息息相关。在年复一年炊烟相望、唇齿相依的共同生活中，八闽民众既有着相似的生活热情和命运轨迹，也有着基于不同生存环境、不同繁衍过程、不同族群而各自形成的独特婚育文化，他们和谐共存却又不丢失自己的斑斓个性，让传统的婚育文化不断地延续下来，又随着人类的迁徙和时代的变迁，在港澳台、东南亚，甚至世界各地落脚、生根，成为人类文化宝库中一颗璀璨夺目的明珠。

  毛泽东同志"取其精华，去其糟粕"的精辟论述是我们认识、继承和宣扬传统文化的基本原则，《丛书》的编著者们也正是秉着这个态度，以充沛的激情、生动的笔触，对八闽的婚育文化进行阐述，使古老的传统文化在编著者们的"丹青妙手"上展现出独具魅力的勃勃生机。

《丛书》对福建省传统婚育文化习俗进行了比较系统的整合，对一些习以成俗的概念作了较为贴切的阐述，对许多风俗给予了归纳和考证，并对其作了客观的评价。《丛书》的编著者查阅、汇集了大量传统文化的典籍文献资料，从哲学、历史文化等角度，追本溯源，对婚育文化作了全面的透视和调查研究；沿着婚育观念发展的轨道，从形成、变迁，到改造，分章别节，进行了较为详尽的描述，对于福建婚育文化，这是第一次，自然是功莫大焉。

《丛书》对福建省新型婚育文化的产生和发展脉络，进行了较为细致的梳理和客观的呈现。《说苑·杂言》说："今夫世异则事变，事变则时移，时移则俗易。"这表述了社会的变迁与文化的发展，福建新型婚育文化的产生和发展亦是如此。福建省一批批人口计生工作者、专家学者，几十年来不断地创新、改造传统婚育文化，给传统婚育礼俗赋予先进的思想、科学的内容，让它能适应时代发展的需要。早在20世纪20~30年代，一些有识之士，发表传播了关于婚姻、生育方面的全新观点，这是新型婚育文化的启蒙阶段。新中国成立建立了社会主义制度，20世纪70年代普遍实行计划生育政策以后，转变旧的传统婚育观念成为计划生育工作的一项重要任务。随着新《婚姻法》、《人口与计划生育法》等一系列法律法规的颁布，为新型婚育文化奠定了制度基础和思想基础。从20世纪90年代至今，我省先后全面开展了"婚育新风进万家"活动和"关爱女孩行动"，把建设新型婚育文化推向了高潮。新型婚育文化是联结现代家庭的纽带，是维系幸福家庭的紧固件，维护着广大人民的根本利益，它必定会在八闽大地上广泛传播，持久发展。

《丛书》还对八闽婚育文化和台湾地区婚育文化的渊源、婚育礼俗在台湾地区的流变作了阐述。福建与台湾一水相连，血缘相亲、语言相通、习俗相近，闽台两地由于特殊的历史、地域和文化渊源关系，经贸交往和人员往来、文化交流等各方面的联系十分密切。尤其是闽南人、客家人在台湾地区的后裔众多，他们在台湾地区定居后，传统的婚育文化得到了很好的保存和延续。《丛书》又在五缘文化中添了浓墨重彩的一笔。

《丛书》以图文并茂为特点、以作家独特视角和文学化语言为阅读诱惑，将生活在福建的六个主要民系的婚育文化单列成册，在全面、系统、深入、鲜活的叙述中，向读者展示了各个民系的鲜明特色和品格魅力，让人们在惬意的阅读中感受五彩斑斓的福建婚育文化。这种以生动的文学语境和大量精美图片来全面展示福建婚育文化的分册图书，在福建也属首次，同时也填补了福建婚育文化著作的空白。

当前，我省已经进入全面做好人口工作，统筹解决人口问题，促进人口长期均衡发展的新时期，人口再生产也基本完成了由传统类型向现代类型的历史性转变。这些成就的取得，在很大程度上得益于新型婚育文化的建设。但是，人口再生产也有其特有的规律，新的人口问题也伴随着产生。人口问题是事关全面协调可持续发展的重大问题，是影响经济社会发展的关键因素，关系人民群众切身利益和家庭幸福。建设社会主义新型婚育文化的宗旨，就要通过文化的先导作用，促进人口自身数量、素质、结构、分布等各要素的协调发展，促进人口与经济、社会、资源、环境的协调和可持续发展，促进人的全面发展、家庭和谐幸福和社会和谐发展。

我们有理由相信，这套丛书的面世，对整理和保护福建的乡土文化，宣扬福建地区文化个性，进一步扩大福建的开放，密切闽台五缘文化交流，对实现"建设更加优美、更加和谐、更加幸福的福建"的奋斗目标有着特别的意义。

是为序。

总 论
ZONGLUN

生育是人生的开端，结婚则是人生成熟的标志。婚育文化是一个民族、一个地区在漫长历史演变中逐渐形成的，以有规律的活动约束人们的婚育行为与婚育意识。其约束力不依法律的保证，亦不依科学的验证，而是文化的力量。

"千里不同风，百里不同俗。"在中国这个幅员辽阔的民族大家庭里，婚育文化自然展现出了异彩纷呈的种种画面。它从微观上展示了政治、经济、社会以及伦理道德、宗教观念、审美意识的积淀与变迁，而在宏观上则反映了时代精神、民族心理。因此，人们常说婚育文化是人类文化的重要组成部分，是文化的一面多棱镜。

中华民族的文化之所以光辉灿烂，其中一个重要原因就在于多元构成，在于各具特色的区域族群文化共同组成了丰富多彩的中华文化。福建文化以其独特的地理位置，上承中原，下续台湾，因而闽台文化具有共同的母体渊源与先后的承递关系。这种现象，表现在婚育文化方面也十分明显。有鉴于此，福建省人口和计划生育委员会组织了一批青年学者着手策划、编撰了这套《闽台婚育文化大观》丛书（下称《丛书》）。

《丛书》共分六册，分别从福州、莆仙、闽南、客家、闽北、畲族各区域族群出发，多层面、多角度地展现闽台婚育文化的丰富内容。各位作者都努力把区域族群的婚育文化放在中华文化的大背景下，放置于相邻文化的比较对照中，通过详细的文献资料与鲜活的口传文化，以期比较客观真实地反映闽台婚育文化的概貌。

各位作者曾经有过多次的全体或部分人员的聚会，就有关问题展开了讨论。大家认为，以往人们研究闽台婚俗文化，往往出现两个偏向，一是比较注重婚仪、婚礼等民俗活动的描述与论述，二是较多地停留在婚俗资料的收集与整理。而这些很难准确地反映婚俗背后的文化价值与社会功能。因此，考察闽台婚俗文化，必须关注包含着婚姻观念、婚姻行为、婚姻礼仪、婚姻俗语、婚姻禁忌等多个方面，体现不同阶层的婚俗体系；必须从文化人类学和文化社会学的角度，将婚俗现象上升到文化的理论层面加以全方位的透视，既关注不同的婚姻礼仪、婚姻活动，又注重各种婚姻俗语、婚俗功能；既比较不同阶层的婚姻行为，又分析不同时期、不同阶段、不同思想观念对婚姻行为的影响；既描述闽台不同族群的婚俗，又探讨闽台各区域族群之间的相互渗透、相互影响，从而更好地从整体上再现闽台婚俗的全貌。

而对于生育文化，大家也都认为，一个人的生育过程大致可分为三个阶段：求子阶段、从孕子到产子阶段、从贺生到成年礼阶段。创造生命是崇高的，生育信仰的内涵就是崇尚对生命的创造，于是便形成女阴崇拜、男根崇拜、生育神崇拜等求子习俗，衍生出保胎、养胎、安胎、胎教和产房、催生、接生、报生、坐月子、满月等助产、保赤风俗，传承取名、契名、护幼、过周、教子和成年礼等礼俗。因此，闽台生育文化的撰著应该从求子到孕子，再到产子，然后通过贺生、养子、教子、取名及成年礼等诸多方面，向人们展示闽台民众生育文化的丰富内容。

闽台婚育文化经过漫长的历史沧桑，一方面，将自身历史上种种特质整合到现实状态，成为当代婚育文化的重要组成部分；另一方面，又将相邻区域族群的特质整合到自身中来，亦成为当代婚育文化的有机组成部分。这些历时的与共时的特征，都积淀在闽台各区域族群的婚育文化之中，共同构成了闽台婚育文化的动态画卷。因此，《丛书》各册既描述、论述传统的婚育文化，又展示婚育文化的当代变迁，以期更好地倡导婚育新风，创建幸福家庭。

《丛书》各册的作者虽分布于福建师范大学、中共福建省委党校、福建省文联、福建省人口计生委和福州市委宣传部、莆田市委宣传部等不同部门，但都有一个共同特点，即年轻而富有朝气，用功甚勤而好学深思，受过文化学的训练，因而能从文化人类学、文化社会学的学科视野出发，进行精心撰著。所以，《丛书》体现了以下几个特点：

第一，系统完整。各册总体构架方面，时间上贯穿古今，从传统到现代；在空间上，从中原到福建，再到台湾，包括了福建的六大区域族群。而在逻辑顺序上，先描述宏观的闽台文化，再到具体的婚育文化，从婚育文化的角度展现闽台两地根与叶、源与流的关系；在具体内容上，举凡婚嫁习俗的各种程序、生育习俗的各个环节、新时代的婚育新风、新俗，以及特殊的婚姻形式、特殊角色等，都在作者的视野之下，可以说是一部系统并且完整展现闽台各区域族群婚育文化的著作。

第二，具有一定的学术性。撰著一套融学术性、知识性、可读性于一体的闽台婚育文化著作是各位作者的共同追求。因此各位作者尽可能地博览各种方志、阅读各种资料，博采前人研究成果，深入实地进行调查，搜集大量有关闽台婚育文化的文献资料和口头传说，将文献的记载与鲜活的口传文化有机地结合起来，获得了弥足珍贵的一手资料，形成了独特的资料系统。在此基础上，提出了大量新知、新见。如《莆田篇》认为，莆田民众在追求男丁的同时，并不排斥女丁，而认为聪明的女孩并不逊色于男丁，这与莆田许多知名传说如妈祖、钱四娘和现实中林兰英院士等都是女性密切相关。又如《畲族篇》认为，畲族有成千上万种歌谣，将历史、传说、生活知识、人生礼仪、祖宗规训以自己的语言编唱，寓教于歌，口耳相传，成为畲族无文字之憾的另一种鲜活记忆和独特的教育方式。类似这些观点，都颇有新意。

第三，具有较强的趣味性与可读性。各册作者都十分注重语言叙述的亲切风格与生动性，亦充分考虑多层次读者的需要，因而书中具有大量生动活泼的例证、丰富多彩的社会生活内容，可以进一步丰富人们对闽台婚育文化的认识。例如，《福州篇》和《莆田篇》都提到关于媒人"三人五眼，长短无后话"的笑谈；《客家篇》记有"杀老婆敬先生"尊师重教的故事；《闽南篇》有"偷葱、偷石"以示得佳婿、好妇的传说；《闽北篇》以姑娘泡糖开水试探男方心意作为相亲的"尾声"。诸如此类，《丛书》各册随处可见，令人感到兴趣盎然。

第四，具有重要的现实意义。闽台各区域族群在历史长河中积累了大量的生活智慧，形成了大致相同又各具特色的婚育文化。这种文化一方面具有促进社会和谐和规范社会秩序的积极因素，另一方面又存在着大量奇俗、怪俗，甚至陋俗等消极成分。在新的历史时期，合理吸收闽台传统婚育文化的积极因素，最大限度地制约和克服其消极影响；充分发挥闽台传统婚育文化的正面功能，从婚育文化发展、婚育风俗改造、婚育观念更新的角度倡导婚育新风，引领文明生育，构建幸福家庭，因而具有一定的现实意义。

更重要的是，《丛书》将闽台生育文化放在中华文化的大背景下，尤其放置于闽台文化的背景下，从族群和实证的角度，对其形成、发展、传播及在不同的时空背景所呈现出来的同中之异与异中之同，进行深入细致的审察对比，从婚育文化的角度具体分析台湾各文化要素的大陆根源，在理论上揭示闽台婚育文化同出一源的事实，其所论虽为"闽台"，实质乃是"两岸"；其所述两岸根与叶、源与流的关系，实质是台湾文化的中华属性的肯定，因而有助于进一步增进两岸民众的文化认同，为两岸和平发展服务。

目录

引 言 / 1

第一章 结婚礼俗 / 6

第一节 传统婚礼程序 / 6

第二节 结婚礼俗的变迁 / 29

第二章 生育礼俗 / 41

第一节 出生前礼俗 / 41

第二节 出生后礼俗 / 60

第三节 当代生育习俗的演变 / 76

第三章 成年礼俗 / 87

第一节 护生习俗 / 87

第二节 启蒙教育 / 94

第三节 成年礼俗 / 97

结 语 / 105

参考文献 / 108

后　　记 / 111

引 言

婚育文化属于生命礼俗的一个重要组成部分，它是指人们在婚育活动中形成的意识形态和相应的规范制度，包括思想理论、价值观念、法律、风俗习惯、伦理道德、行为规范、宗教信仰等。本书所描述的是闽南人在婚育这一问题上的观念、信仰、风俗、习惯、行为方式及其现代变迁。

从文化的角度看，婚育风俗作为源远流长、相对稳定、影响广泛的社会习尚，是人类精神生活、物质创造和行为方式的重要表现形式，因而成为闽南文化不可缺少的组成部分。闽南文化是中华文化中一个极具鲜明特色的地域文化和民系文化，具有特殊的生成范围、表现特征和历史内涵。它的形成及其发展，是经过了漫长的历史演变与文化磨合，以及东南沿海地带独特的地理环境等多种因素逐渐造就的。闽南文化是一种二元结构的文化结合体。这种二元文化结合体既向往追寻中华的核心主流文化，又在某种程度上顽固地保持边陲文化的变异体态；既依归中华民族大一统政治文化体制并积极为之作出贡献，又不时地超越传统与现实的规范与约束；既有步人之后的自卑心理，又有强烈的自我表现和自我欣赏的意识。这种二元结构的文化结合体，可以把许多看似相互矛盾、相互排斥的人文因素，有机地磨合和交错在一起，在一定程度上滋生了闽南区域文化及其社会经济的持久生命力。[①]

闽南文化具有地域性，它是一种辐射型的区域文化。从地理概念上说，所谓闽南区域，指的是现在福建南部包括泉州、厦门、漳州所属的各个县市。然而从文化的角度说，闽南文化在长期的传播、传承与演变中，已远远

---

① 陈支平：《闽南文化丛书·总序》，福建人民出版社2007年。

闽南出砖入石的建筑特色

超出闽南区域,影响到福建省内的龙岩等地、浙江温州沿海、广东南部沿海、海南沿海及台湾等地区。

同时,闽南文化还是一种族群文化,是闽南人的文化,这里的闽南人是指超出了福建南部地域范围的所有讲闽南方言的人群。闽南民俗文化传播的地域范围很大,但其内部不同地方的民俗并不完全一致,即俗语所说的"十里不同风,百里不同俗","走一乡问一俗"。在闽南人族群内部,在不同区域,婚育文化也存在某些差别,但这种差异是表现在闽南人共性的基础上的差异。如在婚礼中都要吃圆子,但泉州石狮等地称"吃相见圆",漳州称为"吃合房圆",潮汕地区称为"吃结房圆",有的地方则称"食新娘圆"等。这种区域性特征所展示的多样性,体现出闽南民俗的丰富多彩。

传承性是闽南婚育文化的突出特点。闽南文化上接中原文化,下续台湾地区及海外。它以其丰富的沉淀、独特的魅力,吸引着身处不同地方的闽南同胞,展现着同根共源的历史渊源。台湾与福建隔水相望,渊源深厚。自古以来,大陆东南沿海居民迁移台湾,开发台湾。到了明清时期,则出现了闽南人移居台湾的高潮。明郑时期,汉族移民人口的高峰期约为15万人。清乾隆四十七年(1782年),台湾的人口约91万人;嘉庆十六年(1811年),台湾汉族人口达到190万人左右,在不到30年的时间里人口增加了近百万。[1] 由于此时台湾女性移民数量很少,人口自然增长率极低,人口增加主要来自移民的增长。在这些移民中,大多数是福建漳州和泉州等地的人,他们遍布台湾南北各地,一般多以"闽南人"称之。又因闽南人之远祖许多源自中原地区,再迁居闽南,因而也称为"河洛人",后来亦有"福佬人"之称。可见,

---

[1] 刘登翰:《中华文化与闽台社会》,福建人民出版社2002年,第103页。

台北龙山寺

台湾人口大多数来自闽南，闽南人的后裔是台湾最大的社会群体，闽南话是台湾的主要方言，闽南文化深深扎根于台湾民众的精神生活之中。传承性是民俗的重要特征，人口迁移是文化传播的重要途径，闽南人大量迁移台湾，自然也将婚育文化在内的闽南文化带入台湾。因此，台湾的婚育文化基本上沿袭了闽南的文化传统。

闽南婚育文化中蕴涵着变异性和多元性。民俗在不断发展的传承过程中，产生了变异。社会风俗的演变是政治、经济、文化等多种因素变革的产物。一个地域民俗的共性是相对稳定的，但随着政治变更、经济发展与社会观念与价值取向的更新，人们的生活方式、生活观念也会发生变革，从而促使风俗也会相应发生变化。闽南民系面对海洋，分布于闽南、台湾和南洋，外来的生活习惯和观念大量涌入，各种文化发生碰撞交融，使闽南民俗随历史发展的进程而不断变动。近年来，在福建出现了不少婚育新风尚。台湾的婚育文化虽然直接传承自福建，但顺应台湾的自然环境与社会条件，也衍生出一些新的生活方式与规范。同时一些在福建已经消失的民风民俗在台湾得到保留，并有新的发展。从族群结构看，台湾除了闽南人，还有客家人、外省人、原住民等，日本和西方文化在台湾的影响也不小。因此，台湾的民俗呈现极为丰富多彩的多元性。

闽南婚育文化中还包含着丰富的社会性别内容。娘家在已婚女儿的生活中扮演了相当重要的社会支持的角色。从女儿结婚、坐月子到孩子满月、周

泉州晋江某洋楼

岁、做十六岁,都离不开娘家的全程参与和呵护。缔结婚姻开始,娘家都会尽力为女儿筹办各种嫁妆。结婚后第三天,有"舅仔探房"的习俗。在女儿出嫁和外孙的各个人生阶段,娘家赠送的礼物有油饭、红蛋、红桃、红龟粿等各种食物,有帽子、衣服、鞋子、袜子等各种从头到脚的穿戴物品,有玩具、摇篮、婴儿车等,还有金饰和红包,给女儿送来期许和祝福。娘家在礼数上面面俱到,考虑女儿的面子,深怕女儿在婆家受委屈,说明女儿是受人疼惜、重视的。同时也借由这些习俗,表达对嫁出去的女儿无微不至的关心,并将这种爱延伸到女儿的下一代。可以说,在女性的生活史中,娘家是出嫁女儿的依靠,是背后的支持者和坚实的后盾。这些美好的祝愿和期待,也展现了闽台社会浓郁的人情味和亲情味。

在以农业为经济基础的传统社会,重视男性劳动力。生男孩称为弄璋之喜,璋是一种宝玉,希望他长大后做官,承担社会责任;生女孩称为弄瓦之喜,瓦是纺织用的纺锤,希望她长大在家里操持家务,可见对男孩和女孩的期望从小就不同。闽台地区具有很强烈的宗族意识,期望有男孩延续家族香火,让祖先有人祭拜。人们结婚要生孩子,而且希望生的是男孩。因而在闽

闽南剪粘艺术——漳州东山关帝庙

南婚育习俗中也表现出浓厚的男尊女卑、重男轻女的观念。祈子、换花等仪式是祈求生男孩，婚礼中闹洞房要选男孩翻床。孩子出生放鞭炮，办满月酒等，都限于生男孩，生女婴就减少了很多庆祝仪式，娘家送的礼物也因孩子性别而有厚薄不同。女孩成长中的受教育权利也受到限制。闽南人传统社会时期还有早婚、纳妾、溺女婴、弃女婴等陋习。男女不平等是历史形成的，争取性别平等实际上是一个文化重塑的过程。

闽南民居精美的木构件——泉州晋江某华侨住宅

随着时代变迁，男尊女卑观念已在淡化。由于实行计划生育，女孩的培养和教育得到重视，许多家庭接受了关注女孩成长、培养孩子成才的新观念。近年来，闽南开展了"婚育新风进万家活动"、"新农村新家庭计划"、"关爱女孩行动"、"生育关怀行动"、"幸福工程"、"春蕾计划"、"创建幸福家庭"活动等，改变了传统的婚育观念，性别平等、性别和谐的意识逐渐被社会大众所接受。在闽南许多地方，女性可以进入祠堂，参加宗族聚餐、祭拜等活动；女孩可以上族谱、在祠堂点灯、上祠堂光荣榜；创立女孩成才基金，对女大学生进行奖励等举措。女孩和男孩一样举行满月、抓周、做十六岁等祝福仪式。这些移风易俗活动，使重男轻女习俗发生了不少改变，女孩逐渐受到同样的重视，在全社会形成关注女孩成长、促进女孩家庭发展的良好氛围。

本书主要从结婚礼俗、生育礼俗、成人礼俗三个方面阐述闽南婚育文化，在记载这些丰富多彩的民俗时，也尽可能通过阐述文化现象的变迁，发掘其中蕴涵的闽南人的文化观念。

第一章

结婚礼俗

> 婚礼是一种社会仪式，通过这些仪式和礼节，来建立稳定的婚姻关系，增强双方家族的友好关系，促进社会和谐。而烦琐热闹的礼俗，反映人们对婚姻谨慎的态度，也表明对婚姻幸福的期望。

第一节 传统婚礼程序

在传统社会，婚姻是人生历程中最重要的转折阶段，标志着一个人走向真正的成年。闽南传统婚俗源自中原婚庆中的"六礼"，即"纳采、问名、纳吉、纳征、请期、亲迎"，历久相承，屡有变异。但随着时代变迁，繁杂的婚礼逐渐简化。如"小定"即"纳采"，省略"问名"、"纳吉"。"大定"即"纳征"。"完聘"包括"纳聘"、"纳币"、"请期"三项礼仪。"娶亲"即"亲迎"。婚前礼指"小定"、"大定"和"完聘"，亲迎礼指结婚当天的礼俗，婚后礼则包括"做客"和新婚一年内的礼俗。

在不同地方，婚姻礼俗的名称和程序也略有不同。如泉州德化人的婚礼程序是：行庚、行定、行聘、过小酒、报日、娶归等。泉州人认为婚礼要经过说亲或议婚、提生月或验大字、压定或戴手指（戴戒指）、送大礼（送聘或纳彩）、送盘担、过娶等环节。惠东人的婚礼程序有：讲新妇、压定、合婚、送定、送盘担（请期）、过门（娶入）等。漳州人认为婚嫁程序是议婚（包括求庚、合婚、相亲等）、定婚（也称提聘、行聘，包括小定与送大定）、送日（也称送日子、送日帖、送迎亲帖）、迎亲等。龙海人婚礼的过程是：议婚、问名、吃定或过定、大送或大定、提日子、亲迎等。东山人的婚礼有提亲、相亲、携定、大定、

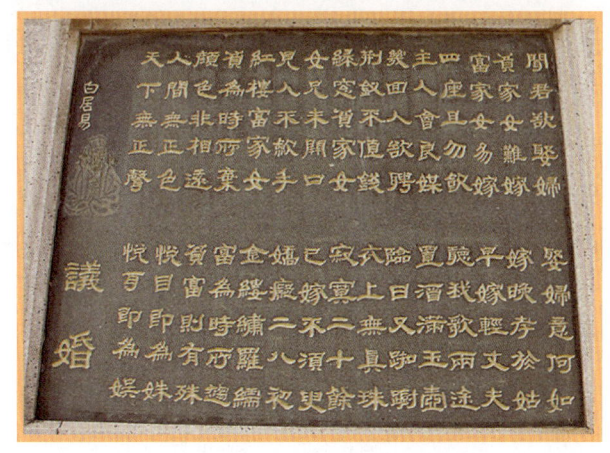

唐诗《议婚》——厦门集美鳌园

送日、娶新娘等程序。台湾民间的婚礼大致和福建闽南地区相同。台北的闽南人认为婚礼有议婚、相亲、小定或过定、大定或完聘、送日头、嫁娶或迎娶等程序。台南的闽南人认为婚礼包括说媒提亲，问名、换庚帖，订婚（大订、小订），送日头（请期），安床，迎亲，嫁娶等。

闽南人的婚礼在承继中华文化传统礼俗的同时，也融入了地方特色，形成一套完整的礼仪，归纳起来，大致有如下程序：婚前礼：①议婚（探家风、求庚、合婚、相亲）；②订婚（定亲、送大定、请期、添妆、裁制婚衣、挽面、安床）；③出阁（上头、接婿、劝嫁、上轿）。正婚礼：①迎亲（上头、娶亲队伍上路、到女家、归程、新娘进门）。②成亲（拜堂、掀巾、合卺、宴客、闹洞房）。婚后礼：出厅、探房、归宁。

一、婚前礼

（一）议婚

议婚相当于古代的"纳采"和"问名"，也就是"说媒提亲"，这是婚姻礼俗的第一个步骤。闽南人传统婚姻非常注重父母之命，媒妁之言。朱熹任漳州知州时，曾发布《喻俗文》："劝谕士民，当知夫妇婚姻，人伦之首，媒妁聘问，礼律甚严。"[1] 媒人是议婚阶段的关键人物，所谓"天上无云不成雨，地下无媒不成婚"，甚至双方是世交通家，也须请媒人联系，"婚姻重门户……虽世契，非媒妁不相缔结"。[2] 认为只有通过媒人的婚姻才是正式

---

[1] 王君定：《宓庵手抄漳州府志》，卷之三十八·民风，漳州市图书馆1999年，第917页。
[2] 王君定：《宓庵手抄漳州府志》，卷之三十八·民风，漳州市图书馆1999年，第914页。

的、合于礼节的婚姻。事成之后，男方要送给媒人一份谢礼，一般是猪脚、线面、糖果、糕饼和红包，称为"媒人礼"，俗称"吃猪脚"。

1. 探家风

又称"摆家风"、"踏家风"。在传统社会，受礼教约束，男女双方交往不多，特别是女性较少有认识异性的机会。因此，到了适婚年龄，就需要请人帮助找合适的对象。媒人介绍人选后，在正式见面之前，男女双方的家长都要设法在暗中了解对方及其家庭的情况。尤其是女方对此更加慎重，事先要请自家的亲戚到男家探家风，了解对方家庭成员情况，观察对方家庭的居住条件、经济状况等。

2. 求庚

经媒人说合，双方有意结亲后，男方要准备好名帖礼物，让媒人到女家问婚。女方若同意提亲，就会收下礼品，报以瓜果之类，称为"奠雁"，并将待嫁女孩的生辰八字写在红纸上，作为"庚帖"托媒人交给男方。"庚帖"上写有女方的生辰八字，以及三代祖先的姓名、籍贯、居住地，有的还有曾经担任过的官名。庚帖上的字数必须是偶数，显得吉利。男方接到庚帖后，也要写好庚帖，托媒人交给女方。① "八字"，也叫四柱，是用天地天干地支表示人出生的年、月、日、时，合起来是八个字。传统命理学认为，人的命运是可知和可预测的，可以通过人的出生时间来预测人一生的命运，认为"八字"对于一个人的命运至关重要，特别是在婚姻关系中，两个人的八字是否合拍，决定了今后婚姻是否幸福，甚至会影响到家族的命运。庚帖上，男写"乾造"，女写"坤造"，字数规定是十四字，以应"兴旺衰微"之"兴旺"两

"猪脚花"——漳浦剪纸

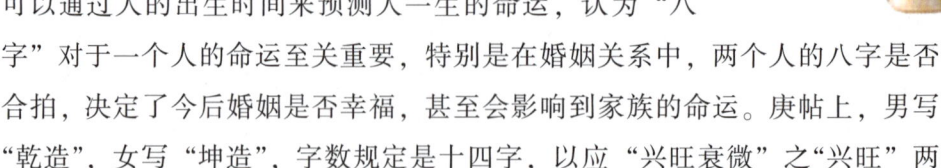

台湾嘉义的木制粿模

---

① 漳州市政协编：《漳州民俗风情》，海风出版社2005年，第91页。

字，并且在之后婚礼的一切事宜，均宜双不宜单。

3. 合婚

男女双方接到对方的庚帖后，先向神明、祖先卜卦，再在家中供桌上的香炉下放置三天或者更久，等待神明、祖先指示，称"问神祖"或"提生月"。在此期间，如果一家老小平平安安，万事顺利，没有吵架、生病、丢失物品或摔破碗碟之类的事情，就可以说是"三日圆"或"三日好"，说明祖先和神明同意两家联姻，可以继续进行。如果家里遇到碗碟器皿破碎或其他不如意事情，就认为祖先和神明不同意，是"不合"，会以"无缘"为由婉拒此婚姻。一般"问神明"以男方为主，如果不合，要将女方的庚帖送回。也有的直接拿男女双方庚帖咨询算命先生，也称"合婚"，根据生辰八字推断两人是否适合结婚。

男女双方的生肖搭配也有忌讳，民间忌讳男女相差六岁，认为子午、丑未等相差六岁的属于"正冲"，不宜结合。还有"龙虎斗"、"一山不容二虎"、"两蛇不同穴"等说法，认为双方分属龙虎，同属虎或同属蛇，今后家庭会争吵不和睦。还忌讳分属虎、猪，说虎会咬猪；还忌讳分属猪、猴，说"猪猴不到头"等。有意思的是，由于八字对婚姻成功至关重要，如果女孩出生时的生辰不是很好，即八字中有所谓的"克夫"、"煞翁姑"之忧，疼爱女儿的父母就会请算命先生伪造一个旺夫、旺家的好八字，以备将来的提亲问名。所以闽台社会流行这样的俗谚："男命无假，女命无真。"当然，八字、合婚和生肖禁忌并没有科学依据，但这种形式也表明人们对于婚姻大事的谨慎小心。

4. 相亲

合婚之后，媒人就为双方安排一次见面的机会，称为"相看"，即"相亲"。通常是男方到女方家拜访，准备好礼物后，男方由媒人陪同，带着祖

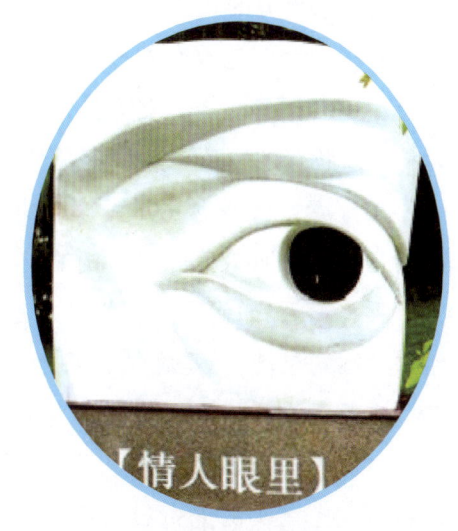

"情人眼里"雕塑——厦门仙岳山人口文化园

媒人说媒后，家人商议场景的蜡像

母、母亲或伯叔母、姑母等女性长辈到女方家中拜访。女方家长热情招待，让女儿出来奉茶敬客。媒人将男女双方及家长一一介绍，男方长辈借机端详女方容貌举止，特别会留意观察女方的手掌，看有没有"断掌"（掌上有粗纹横贯左右）。闽南有"断掌查埔做相公，断掌查某守空房"之说，认为男的断掌会做大官，女的则命硬，对丈夫不利。同时也会观察手掌是否柔软、细嫩，判断命运如何。当然今天这些都是看来是无稽之谈。女方及其家长也会同时观察男方的相貌举动。敬茶后，女方来收茶杯时，如果男方对女方满意，就将一个红包放在茶杯里或茶盘上，称为"压茶瓯"。如果女方对男方满意，还会招待吃饭。双方彼此满意之后即可定亲，由双方家长商定聘金、聘礼以及妆奁的厚薄，并约定吉日"订盟"。

在台湾，未婚少女元宵夜向土地公膜拜，先掷筶以请示方向，然后循其所指地点偷听人家谈话，并以入耳的第一句话来判断所求的吉凶，称之为"听香"。假如偷听到新婚夫妇恩爱对话，听香之少女将被视为未来的一年中"红鸾星动"，是将做新娘之兆。但忌讳听到死、病、破财等语句。还有些未婚少女，以在元宵夜能偷得他人所种的"葱"或"菜"为吉兆。谚云："偷得葱，嫁好尪（老公），偷得菜，嫁秀才。"至于未婚配之男，则以窃得人家墙头的老古石（海底乱石，人们拾运到家，等咸气去尽，即坚实，以之砌墙，比屋皆然）为吉兆。谚云："偷老古，得好妇。"因为台湾早期民风保守，男女社交不公开，于是便借着偷葱、偷石的风俗，举行一次有趣的相亲。①

（二）订婚

经过合婚、相亲等步骤，如果一切顺利，双方就确定了姻缘关系，进入定亲阶段。

1. 定亲

定亲，又称"小定"、"过定"、"食定"、"下定"、"文定"或"送定"，即相当于古六礼之"纳吉"，形式相对简单。男家请媒人到女方家里商讨具体婚事。男方要由媒人陪同，在择定的吉日将定贴（即礼书，封面上书"礼"或"全"字，又称"龙贴"）和商定的礼品送到女家作为定聘。一般人家聘礼有"六礼"，但大多数都会备"十二礼"。如全只或半只猪（猪腿亦可）；阉鸡和母鸭各两只；福圆（桂圆）；花生糖、冬瓜糖或冰糖；香烛、鞭炮；布料；线面；喜饼（橘饼、柿子饼、米香饼）；茗叶；莲子；烟酒以及戒指首饰等，常凑成十二色。这12项聘礼在不同地区种类也有所不同。如台湾南部常常用槟榔代替面线，喜饼多用大饼，喜糖多用冰糖。男方要将准备好的聘礼，请人抬着，浩浩荡荡出发去女家，起程时要燃放鞭炮，十分热闹。

女家应以冰糖茶和糯米甜粥招待男方客人，待嫁女要上厅堂奉甜茶。客人接受甜茶时，送红包作为"压茶瓯"礼。男方将戒指戴到未来媳妇的手指上。戴戒指在厦门俗称"挂手环"，在泉州称"戴手指"。泉州称定亲为订盟。订盟之日，男家准备两枚扎上红丝线的金戒指（或一金一银），以及红绸、金花、礼饼、喜糖、果品等礼品，俗称"面前"，由男家女性长辈（其中要有有福命的两人）带人到女家，举行订盟仪式。女家长辈到门口迎接，引导客人到厅堂坐定。待嫁女在厅中间向外端坐，由男家女性长辈将订婚戒指戴在手指上，并给彩仪，女儿答谢后返回闺房。戒指戴毕，主人喝茶送客，客离座，至此婚事就定下了。台湾有的地方要一枚金戒指和一枚铜戒

---

① 凌志四主编，台湾人民俗编辑小组编：《台湾人民俗》（第一册），台北：桥宏书局2000年，第139页。

指,并要用红线绑起来,金戒指在上,铜戒指在下,这是因为"铜"与"同"谐音,有"永结同心"的意思,加上红线,意味着把两个人从此牵在一起。礼毕,女方要将男方送来的礼物部分回赠

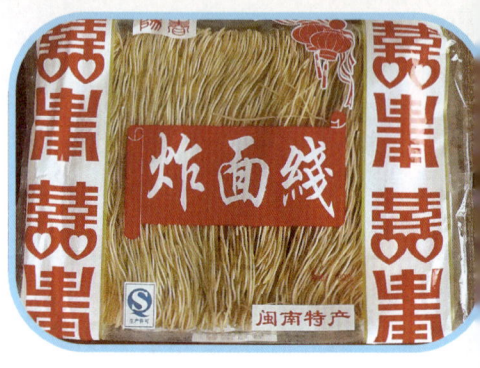

闽南线面

男方,回"定帖"(又称"凤帖"),并回赠双连巾(两条连在一起的面巾)、糖饼、橘子、石榴花、鲜芋、生姜、花生(寓意吉祥如意、百子千孙)等,也要凑成六或十二件礼品。有的还要订立"婚书",表明订婚结亲之意。婚书分"乾书"和"坤书",两家交换礼帖和婚书之后,就以亲家相称。这一天双方往往要办酒席宴请亲朋好友,赴宴者一般无须送礼。

事后,男女双方都要向亲友四邻分送礼饼(香浦糕)、糖果("贡糖")等,表示婚事已经确定,并预告新婚喜日。女方的亲友接到喜讯后,如果礼饼是完整的,则到该女子出嫁时必须送钱送礼"添妆";如果礼饼已切成块,则届时不必送礼。但一般都会送礼,有的送喜幛,有的送红包,称"贺仪"。送红包要在对方订亲和成婚之间的时间,选择双日或黄道吉日。这种"红包"的数量按旧俗是两包,现已改为一包,钱额仍是双数。逢年过节,男方要向女家送礼物,多半是猪肉、线面、衣料之类以及粽子、月饼、糍粿之类。在迎娶前的期间,每逢年节,必须互送礼物。例如,女家要在端午送给男家香料、纨扇、果品等;男家要在过年送女家豚肩、美酒、面线、粽子、年糕、果品等。经过"食定"的婚约具有一定的约束力,不能轻易改变,若女方悔约,应退回男家的聘金礼物;但如男方悔约,不得要求女方退回财礼。

2. 送大定

送大定又称"提聘"、"行聘"、"行大礼"、"盘担",即古时的"纳征",仪式较为烦琐。男家选定吉日后,将彩礼送到女家,也有感谢女方养育之恩的意思。挑彩礼的笼担和扁担都要贴上红纸。彩礼包括婚书、牲醴、聘金、首饰、布料、衣裙、礼饼、全猪、酒、鸡鸭、贡糖、红圆子和其他糕点等。其中礼饼、贡糖和糕点的数量由女方确定,以分发女方的亲友和乡邻。彩礼强调成双,包括送彩礼人也要偶数。有些地方只送婚书和金帛牲醴等物,凤

冠、红袄、红裙及其他议定的礼物要由男方另送一次，称为"送袄"或"催妆"。男方送礼时应开具聘帖，罗列礼物。如婚书一对、聘金若干、金钗一支、鸡鸭各两只，写上"婚书成通，聘金全封，金钗全副，德禽成双，家凫四翼"等。在泉州，男家择吉日准备柬帖，给女家送手圈（手镯）、彩仪、鲜花、坛酒、喜包（花包）、糖果等礼品，俗称"带圈"；婚期将届，准备柬帖，送彩花、圆饼、绸缎、聘金给女家，俗称"送花"。并准备十二个盘，盘内放置鱼、鸡、蛙、蚵、茶叶、糖、猪筋、猪蹄、猪肚、槟榔、礼香、红烛等，各分其六为一担，由人肩挑，随同各木盛（两人抬的木制舁具）礼品送往女家，俗称"轿前盘"。另有供新人穿的盘头簪、冠服、裙袄、玉带、霞帔以及全猪、全羊等，分别排入木盛中。行此礼仪，俗称"行大礼"，只有缙绅巨富之家效行。有的人家则把"行大礼"合并为"轿前盘"，称为"花叠盘"。届时，男家备全猪、鲜花、彩花、喜包、面线，分装若干"盛"和一盘担，连同婚书、礼帖、聘金，吹吹打打送往女家。

泉州贡糖　　　　漳州贡糖

彩礼送到时，女家鸣炮欢迎，以礼品奉敬祖先，并接待来人。女方不能将礼物全部收下，要割下排骨和猪脚让男方客人带回，称为"压篮底"或"回程"。女方也准备礼物回赠，如新郎的衣服、荷包、扇袋、书籍、笔砚、鞋袜、未来舅姑的鞋袜等，一般还要外加兰蕉、通枣（大蓼花）、石榴、芋头、桂花，寓意连招贵子。很多地方也把"纳吉"和"纳征"合并，即把小定和大定合并，化繁为简，统一称为订婚。

抬彩礼的木盛

女方收到彩礼后就要准备嫁妆。嫁妆，亦称"嫁装"、"妆奁"、"嫁资"等，是女子出嫁时娘家陪送的财物。家庭经济状况不同，嫁妆也有差距。在漳州，富家的嫁妆叫"全厅面"，包括女儿终身使用的物品，小至马桶、针线，大至田契、房契，甚至还有棺材和寿衣，称为"生死不求人"。嫁妆中的箱子多用来装衣服和布料，箱子的四个角落都要放上银元或钱，称为"压箱脚"。有的还有桌椅、橱柜、梳妆台等。一般人嫁女只准备"半厅面"：几套衣服、花粉、镜奁、剪、尺、被、帐及一些日常用品。在泉州，男家将通枣、蛋糕、喜糖，女家将猪肉、花包、鲜花馈赠各自的亲友邻舍，并告知婚期，请他们到时光临吃喜酒。在中国传统社会，嫁妆于婚姻的意义重大。嫁妆的多少直接影响到婚姻的缔结，丰厚的嫁妆往往使女性得到更高身价。同时，嫁妆作为新娘的私产，有助于在婆家的生活。

不过，无论贫富，嫁妆中都有马桶、洗澡桶、灯、莲蕉花和各种绣花帘布。桶又称"子孙桶"或"腰桶"，桶外面涂红漆，桶内装有红线贯穿的铜钱和花生、红枣、桂圆、冬瓜糖等物，寓意早得贵子，由人抬送放在新房里，同时说吉语："子孙桶高高，生子生孙中状元；子孙桶震动，生子生孙做相公。"另外还要准备一对"带路鸡"作陪嫁，带路鸡要选刚打鸣的公鸡和即将下蛋的母鸡。迎娶之日用一条红头绳或红绸缎，两端各捆一只鸡的脚，使公鸡母鸡并排而蹲，装进新饭篮里，由新娘伴（女傧相）提到新郎家。

厦门迎亲表演

3. 请期

为了准备结婚的各类物品，奠定未来小家庭的物质基础，也给男女双方充足的时间来筹办婚礼，就有必要在"送定"之后选择一个良辰吉日迎娶新娘，这就是婚俗六礼中的"请期"。请期又称"送日子"、"送日头"、

请柬

"提日"、"送日帖"或"送迎亲帖"。男女双方协商迎亲的吉日，择日要根据男女双方的生辰八字，加上双方父母、祖父母，甚至兄弟的生辰八字，推算出没有相克的日子，还要避开新娘的经期。此外，还忌讳在无立春日的年份娶亲，也忌讳在农历五、七、九月嫁娶。婚前七天或三五天，要准备婚书"日帖"（古六礼中的"请期"），写上吉课（除写明婚娶的吉日及冠笄时刻，还要注明新娘上轿和进门的时刻，俗称"送日头"），送至女家。经女方同意后，男方就书写红帖，正式通知女方迎娶日期和落轿时应避属相冲克的人，然后依礼行事。因而俗话说："隔壁做亲情，礼数着照行。"

台湾南部送日头时除了礼饼、礼糖等常规礼物之外，还有猪腿肉、冬瓜茶和茶叶等。泉州又称"迎嫁妆"。婚前一两天，女家编列嫁妆的顺序和清单，以"红甲吹"喜乐前导，首"盛"为烛台，余则依次而行，把嫁妆送往男家。嫁妆有金银首饰、珠玉古玩、绸缎布匹、衣裳鞋帽、枕箱被帐、烛台灯具、杯盘器皿、梳妆镜台、文房四宝、洗涤用具等。男家在大门内置火炉，送嫁娘口念吉语，把嫁妆从炉火上抬过。女方执帖人呈上柬帖和嫁妆清单，送嫁娘把箱箧钥匙交给男家主妇。男家一一验收，发给礼金，并以甜汤丸款待，有的则设筵宴。事毕，男家亲友即入新房开箱启箧，参观嫁妆。在"轿前盘"之前，有的还有"请鞋样"的习俗。除预备女婿鞋靴外，女家还要给男家的父母兄弟姐妹和诸伯叔母

新娘用的化妆箱

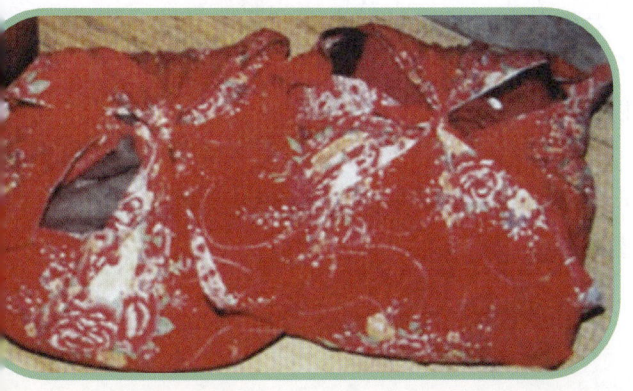

嫁妆中的包袱

等每人准备一双新鞋。因此,女家要在事前请媒人询问男家眷属脚码,女家接到鞋样,要准备尺寸合适而美观的鞋子,于"迎嫁妆"时放在嫁妆木盛内,作为新娘给夫家亲属的见面礼物。

送日以后,女方亲友要送红包或礼物到女家,称作"添妆";男方亲友也要送红包或礼物,为男方"添丁"。贺喜的财礼必须在迎娶日前送到,否则不吉利。贺喜的礼物不能送钟和手帕,以免联想到送终和擦眼泪。亲友送来的贺联、贺幛及其他贺礼根据辈分陈列在大厅内,舅舅地位高,新郎舅舅送来的贺幛要悬挂在厅堂正中。喜家收下贺礼后,都要一一登记,以便日后还人情。

然后双方要择日祭祀神明,裁制婚衣,称"开剪"。除礼服外,还要裁制新郎新娘的白色内衣裤。新娘的婚礼服为红袄红裙,配上绣花红鞋。有的地方男女的婚衣都由男方裁制,再将新娘的衣服送到女家。

新娘出嫁前,要精心打扮一番,祀神上香,要"开容、梳头、簪花、化妆、合裙、点烛拜公妈"等,俗称"小六礼"。开容就是请福寿双全的女性长辈用细线交叉绞掉新娘脸上的汗毛,使其皮肤光洁,俗称为"挽面"或"开面"。然后给新娘梳头,口诵吉祥语,祝福新娘婚姻美满、子孙满堂。梳头后,加上簪花和金银打制的簪子。新娘要给帮她开面梳头的长辈红包。最后,新娘来到厅堂,叩拜神明祖先,这就是"拜公妈",再跪拜父母尊长,感谢养育之恩。

婚礼中的布置新房非常重要。在女家嫁妆送来之前,男家要将洞房布置好。新房最重要的陈设是床,又称"眠床",俗话说,"吃人参不如睡五更",人的一生有1/3的时间是在床上度过的。台湾学者林再复的《闽南人》对古式眠床有这样一段描绘:"客厅两旁的房间为卧室,床前横一踏脚的长方凳,俗称脚椅,作为脱履登床之用。卧床和内地无异,但豪奢人家的床都很精致,三面围屏,上面雕刻人物、山水和花鸟。床的正面一如客厅,置长方形帖案。"婚床的物品除了枕头、被毯等之外,尤其注重蚊帐钩,女方的陪嫁里也有一对镶金嵌玉的精美帐钩。

闽台婚俗十分重视新床,因为新床是新人安寝的地方,

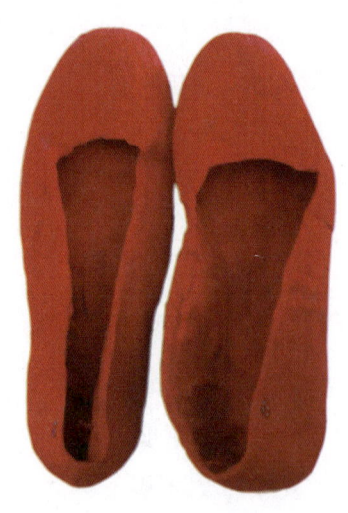

新娘的红鞋

又象征孕育新生命，俗称"子孙床"。安床有一整套烦琐的仪式，首先是择吉日安床挂帐。男家要请儿孙满堂的"好命人"主持其事，摆设各种供品，缝制被褥、挂帐铺床；要将铜钱放在床头、床尾和床脚下；床安放好之后，口诵吉祥语，然后燃放鞭炮。女方家长请人携带新卧具、镜奁、箱柜等前往男家布置洞房。安床后要请一两个属龙，其次选属蛇的男孩爬上新床翻滚嬉闹，象征新娘连生贵子，称"翻床"或"翻铺"，旁边有人念吉语。翻铺后，要准备鸡酒、油饭之类的供品祭拜床母。安床时，床铺必须顺着屋梁的方向放置，否则称为"担楹"，不吉利。床铺避免与桌、椅、橱柜的尖角相对。必须用红纸盖住新房内的镜子，避免冲煞。这种安床的风俗也有一定的科学道理：床头不宜在窗下，因为这样睡眠时有不安全感，特别是在风雨天，而且以后家中有小孩容易借床爬窗，更不安全；床的摆放忌讳对着梳妆镜，因为人在半夜蒙眬醒来时，在光线较暗的地方，看到镜中有人在活动，容易受到惊吓；安床忌床面高低不平，忌太软，这对脊柱不利。

婚礼前夕，男家厅堂里要点上三撮香火和一对红烛。完婚前，新郎不可在新房单独过夜，必须有一两个平辈的男子或小男孩伴睡，称为"暖房"或"压床"。俗谚云："睡空铺，不死夫，也死妻。"睡伴首选为属龙的，忌选属虎的，这种做法和选属龙的男孩翻床一样，是期望将来新婚夫妇能够早生龙子龙孙，也避免新人独睡空房，象征夫妻恩爱。裁制婚衣、挽面和安床都不能让寡妇、属虎的妇女参与或观看。

（三）亲迎

婚礼中"亲迎"（出阁）是六礼之一，受到极大的重视，对迎娶的每一个细节都很注意。但历来"乡俗间有不亲迎者"，不强调新郎亲自迎娶新妇，不少是请福分大的"好命人"代为上门迎接新娘。新娘出阁仪式繁复，而且各地各不相同。有的地方嫁女要有一老年妇女随行，称为"送嫁姆"或"送嫁娘"，她要陪伴新娘到夫家，主持仪式。

迎娶之日，新娘要用香花、石榴枝叶熬汤沐浴，换上新人衣饰。送嫁娘请新娘走到大厅来，边唱："请出厅，做人好名声。"然后拉着新娘的手，让她端坐在一面用来晾晒谷物的浅平大圆竹匾内倒置的米斗椅上，一边唱："坐依正，新娘得人疼。"接着由长辈或"好命"的妇女为她梳头、簪髻、戴花,称为"上头"。有的让一位中年妇女用一双筷子在新娘子脸上部位比画,叫"贵面"。每画一个部位,则要念四句,如"第四贵(画)你鼻中鞍(鼻梁),荫你夫君早做官。今夜子婿床中伴,早生贵子心喜欢";"第六贵嘴边,今夜好团圆,十月生后生(儿子),勤俭春(剩)大钱"。到头发抹麻油时,也要念:"麻油滑,麻油黑,近年来,明年生乾埔(男孩)。"[①] 有的仅在厅中的神位前由母亲插上首饰,表示已抚育成人,此礼也是古代笄礼的遗留。新娘还要戴上凤冠,有的地方头上要插茉草以祛邪,插石榴花心叶表示多结贵子,插早稻穗表示早得贵子。新娘打扮完毕,全家齐聚吃一顿告别酒宴,宴席固定是十二道菜,称"十二碗圆"。宴后新娘退入内室。

婚床

按预定时辰,男方迎亲花轿和仪仗队抵达女家,花轿停在大门外,吹鼓手高奏,迎亲者在门外叫门并燃放鞭炮。女家不会立即开门迎接,迎亲的一方要好言相请,女方要一再刁难。迎亲者放过三阵鞭炮之后,女方才打开大门,鸣炮迎接,以甜"鸡蛋茶"招待迎亲的队伍。经过再三催请,新娘随身带上一面制煞的小镜和一个装着象征连生贵子,百子千孙的莲子、花生、桂花、石榴、茉莉花心等吉祥物的袋子,走出厅堂向神明、祖宗神位及双亲行跪拜礼辞行。

女子出嫁前,其父母要行"劝嫁"仪式,嘱咐女儿今后到婆家要勤快细心,听从公婆和丈夫。女儿喝了酒,向祖宗神明再拜。父母为女儿覆上盖

新房陈设

---

① 福建省民俗学会:《闽台婚俗》,厦门大学出版社1991年,第84页。

头。家人将点燃的鞭炮抛上屋顶,并用米筛遮在新娘头顶上,使新娘不见天日,送嫁娘引新娘出大门,登上花轿,口中念"四句"(吉祥语),待新娘入轿坐定,送嫁娘便用手中的雨伞敲敲花轿角,俗称"敲轿角",新娘之父口中含酒喷洒轿角,寓"发家"、"发财"。有的地方是男家买一个新的米筛,画上八卦,并用朱笔写上"喜"字,送到女家,迎亲时挂在花轿后。认为这天新娘最大,为避免触犯天神,故以米筛遮日。民间还有传说:古时有一个桃花女,出嫁时准备了米筛和镜子,米筛上面画喜字,画三个圆圈,放在后面,在轿子前捧着一个镜子给新娘子照着走。后面的米筛可以障歹人的眼,前面的宝镜照得恶徒不敢近前,果然免了灾难。后来人们嫁女也学着桃花女的样子,安上米筛和镜子,认为这是辟邪致福的吉祥物。①

二、正婚礼

(一) 迎亲

婚礼当天凌晨,新郎、新娘都要到各自的祖厅分别举行冠礼、笄礼,俗称"上头"。主持仪式的人称为"管事"或"执事"。在泉州,女方要在祖厅桌角摆上四粒红圆,称"桌角圆"。送嫁娘还要念"四句",如"新人头插花,入门好夫妻;新人头插艾,入门得人疼(疼爱)"等吉祥如意的句子。在漳州,新郎要沐浴更衣,身着结婚礼服,由父亲带到神厅祭告祖先。父亲手持画有八卦的米筛罩在新郎头上,护着新郎上轿前往岳家迎亲。花轿出门前先由执事拿火把或香炉在轿的四周照一遍,并用小的香炉在花轿内的各个角落晃一遍,将邪气驱逐出去,称为"净炉"。

男家派花轿、乐队到女家迎亲。迎亲要用四人抬的花轿,另有两人抬的便轿数顶,供送嫁娘和女傧相乘坐。择吉时出发,一般多安排在凌晨。上路前所有的人要先吃饭,宴席上照例有十二道菜,其中一盘是全烧鲤鱼,不得动筷子。以往富家的迎亲队伍上路时,在队前引导的两个人各执一只红灯笼,上书男家的姓氏和郡望堂号,接着是八音乐队,一顶送嫁娘坐的油布

---

① 漳州市民间文学集成编委会编:《中国民间故事集成·福建卷·漳州市分卷》,第1卷,1991年,第361页。

迎亲

轿、五顶给傧相和舅爷（新娘的兄弟）及叔爷（新郎的弟弟）坐的披红彩的竹帘轿、一顶给新郎坐的不挂竹帘略作装饰的官轿、一顶四人抬的装饰精致的花轿，最后是盛礼物的扛匣。舅爷轿挂一对红色宫灯，称为"舅仔灯"，到男家后要挂在洞房中。匣的数目多的有12匣、24匣，最多的可达60匣，俗称"百二杠"（120人扛）。一般平民的迎亲队伍只有一两顶轿，乐队和扛匣的人数也少，由两个男孩用带根叶的甘蔗各挑一对红灯笼走在队伍前，队伍最后一个人挑着布袋，内装便桶和浴桶。一些地方迎亲队伍由"拖青"的人走在最后，"拖青"的多为男孩，拖的是枝叶齐全的松枝或榕枝，有的是拖头尾齐全的鲜竹，如《诗经》中的"如竹苞矣，如松茂矣"，寓意多子多福。[①]

迎亲队伍到女方家门时要燃放鞭炮，放过三阵炮后，女家开大门请迎亲队伍进门。男家送上两扎礼炮，分别写着"两姓合婚"和"百子千孙"。女家收下"两姓合婚"的一扎，将"百子千孙"的一扎回赠男家。若新郎亲迎，要入门拜见岳父母，奉上猪脚、线面，并奉送红包，俗称"屎尿钱"，以酬谢养育之恩。小姨子端来鸡蛋汤、桂圆汤、四果汤、腰子汤之类甜汤，请姐夫"吃甜"。姐夫要给小姨子回红包。新郎退出门外，花轿进入堂中。若新郎未前往亲迎，媒人就带着花轿，直入堂中。女家要沏茶请迎亲队伍。男方陪新郎前去迎亲的"炮驾"（傧相）要设法偷窃两只酒盅，带回男家放在洞房里的新床下，认为可使新娘早生贵子。女家对男方偷酒盅的行为要装作没有发现。

喝完茶，男方的傧相数次催促请新娘上轿。新娘要找各种借口推托。新娘跪拜祖先，与父母、家人道别，才走出大厅，辞别双亲准备起程。新娘头

[①] 漳州市政协编：《漳州民俗风情》，海风出版社2005年，第97~98页。

戴头帕（乌巾或红绸巾）哭泣上轿。富贵人家贴上家族中最高职衔的封条于轿门，以示显赫。新娘上轿后，迎亲队伍接过嫁妆。从前女方若有随嫁婢，也坐轿随新娘同去。新娘轿内多放红圆子和冬瓜糖，新娘一路抛撒冬瓜糖，表示此路可常来常往。新娘进入花轿端坐，轿子要离开时，就从轿上扔出一把系着红包的折扇，俗称"放扇"、"放性地"，由女方亲属捡回，因为闽南语中"扇"与"姓、性"谐音，性情又称为性地（脾气），抛扇子意味着要新娘改掉不好的脾气；扇与"散"同音，表示送扇不相见，不带走娘家的好风水。新娘上轿时，其父母将一碗清水泼向花轿，象征"嫁出去的女儿，泼出去的水"，也是祝愿女儿将来事事顺心，不会"大归"（走回头路赶回娘家）的意思。新娘临上轿，要放声大哭，俗称"哭好命"、"哭兴旺"，认为女子出阁时大哭是吉兆，能让娘家兴旺。花轿一起行，娘家立即紧闭大门或以米筛挡门，有的地方新娘的母亲还要坐在大门槛上，以免娘家的财运、地气被新娘带走，也寓意新娘安心留在夫家，不要走回头路。

迎亲队伍以红彩旗、红甲吹前导；接着是男女家"名姓灯"各一对（男前女后）、轿前灯，再后面是花轿，轿前一人挑着装有火炭的烘炉，上覆写着红双喜的瓦片两块（寓意子孙繁衍），送嫁娘随轿行走。迎亲队伍一路上鼓乐齐鸣，每当经过村巷、寺庙、桥梁，都要鸣炮过路。以往行人遇到迎亲的花轿必须让路，即使是官宦或新登科第者也要将官轿或大轿靠边让道。迎亲的队伍如果在道路上相遇，属于"喜冲喜"，不吉利，轿中的新娘会拿剪刀拼命空剪以求禳解，有的新娘互换头上的簪花以禳解，俗称"换花"。

花轿到达男家门口后，鼓乐、鞭炮齐鸣，花轿要停放在一面大筅内，等待吉时。良辰一到，新郎要拿扇子打轿，并朝轿门轻踢一脚，认为这样以后就不会惧内。有的新娘在轿内还踢轿门一脚，意思是不示弱。送嫁娘随即打开轿门，由男家的一个男孩至轿前，双手捧着红漆盘，上面放着两颗红柑橘，请新娘下轿，新娘回赠以红包。然后由男家"好命"妇女手牵新娘出轿。送嫁娘唱："新娘踏土，生囝好囝模；踏依在（稳），生囝胖狮狮。"同时，长辈用挂在新娘轿后面画有八卦或红双喜的米筛（现在多用雨伞）遮在新娘头顶上，让新娘踩着地上铺的红毯或新席或染红的麻袋走进大门。送嫁娘随新娘进大门，口中继续唱好话，如过门槛唱："过户磴，有吃甲有穿"等。

新娘进门的礼节在各地不尽相同：有的要在大门前摆一个烧着炭的火炉或烧一把稻草，让新娘"跨火熏"。送嫁娘或男方族中的老年妇女要唱道："过火熏（跨火烟），年年春（有剩余），隔年抱个查埔孙（男孩）。"而且要新娘踩门槛。有的地方要将炉膛里的火用水浇灭，而且不许新娘踩门槛，认为可以避免新娘脾气大。万一新娘踩到门槛上去，就暗中将举在她头上方的米筛放低来压一压凤冠，使她受惊来破此招。有的地方当新娘到家门时长辈要暂时避开，以免"相冲"。如果新娘的生辰八字中犯"破娘家"或"破婆家"，主持仪式的人就会在大门口预先放一片完好的瓦片，新娘入门时踩破瓦片，旁边的人说："破了！破了！"以此禳解八字中的缺陷。跨火炉、遮米筛和踏瓦片都是为了"制煞辟邪"。

新娘伞

新娘跨火盆

有一首闽南语童谣"西北雨直直落"："西北雨直直落（下不停），鲫仔鱼欲娶某。鲇鲐兄拍锣鼓，媒人婆仔土虱嫂。日头暗找无路，赶紧来火金姑（萤火虫）。做好心来照路，西北雨直直落。西北雨直直落，白鹭鸶来赶路。搬山岭过溪河，找无岫跋一倒，日头暗欲怎好，土地公土地婆，做好心来带路，西北雨直直落。"还有一首《天乌乌》："天乌乌，要落雨，举锄头，清水路，清着一尾鲫仔鱼要娶某，龟担灯，鳖打鼓，蜻蜓举旗叫艰苦，毛蟹担灯双目吐，水蛙扛轿大腹肚，一碗圆仔汤给你补。"生动诙谐地描述了鲫仔鱼的迎亲情形，在迎亲队伍里有媒婆、提灯者、打鼓者等。

(二) 成亲

成亲就是完婚，即民间所谓的"拜天地"，包括古代的拜堂和合卺。新娘进门后，管事手捧圆斗，边走边唱好话，边撒斗里的谷粒，引导新娘走上厅堂。厅堂中设香案，新郎新娘并立，管事高声唱礼，新婚夫妇先拜天地，再拜父母，然后夫妻对拜。送嫁娘要将新娘带来的红糖和铅箔放入男家的水缸中，使男家的人喝了新娘的"糖铅（缘）水"，和新娘"有缘"（和睦相处）。

拜堂后，新郎新娘就成为夫妻了。在送嫁娘引导下，新郎以红绸牵新娘引入洞房，双双坐在床沿，俗称"坐床"或"坐富贵"。当天，新娘要一直坐在床沿，未就寝前不能躺下。台湾云，"六礼啊，旦爱行好势，行好势，花烛房内静静坐，想着祖家变外家，外家变祖家"，描写了新娘此时细腻复杂的心态。送嫁娘在进洞房的前后都不停地唱好话，新郎用秤杆挑去新娘头上的红色或黑色绸盖帕（盖头），送嫁娘念："对（从）前掀到后，二人吃到老老老。"

洞房里要举行合卺礼，后来演变为喝交杯酒。送嫁娘先将酒倒在一对以红线连在一起的酒杯里，让新婚夫妇互递酒杯，同饮合卺酒。洞房里有由十二道菜组成的"新娘桌"，寓意十二个月都美满。送嫁娘要为新郎、新娘夹菜，每吃一道菜就唱一句与这道菜有关的吉利话，如"吃猪心，夫妻恩爱结同心"。有的地方由牵新人者和请出轿者作陪，送嫁娘斟酒，给新婚夫妇合卺交杯，俗称"食房内桌"。当晚还请"好命人"点燃洞房里的一对红烛。

迎亲日中午，男家要宴请送亲的人，俗称"舅仔桌"，桌上摆十二道菜，有鸡、鱼、猪肉、蔬菜、瓜果等。晚上，新人入房后，厅堂里鸣炮大宴宾客，称为"喜酒"。厅堂的宴席以左首的一桌为尊，称为"大桌"，由新郎舅舅坐首席，所谓"母舅坐大位"。"大位"未落座不得开宴，"大桌"未动筷子，其他桌也不能就餐。新郎的父亲要向来宾敬酒。喜宴上的鱼和鸡必须完整上盘，不能切块。摆盘时鸡头要对着首席，坐首席者用筷子将鸡头翻动一下，其余人才能动筷进食。吃鸡时只能吃鸡身，不可吃头和脚。最后一道菜通常是甜汤，寓意新婚夫妇生活甜蜜。酒过三巡，新郎

传统婚礼场面人物蜡像

新娘由管事或家长、送嫁娘陪同出来向宾客敬酒致礼。有些地方新娘要一直待在洞房里，仅由新郎出面敬酒。席终鸣炮送客。

宴席散后，一些宾客进入新房看新娘，接受新娘敬茶。新夫妇同坐床沿，男左女右，有的中间插坐一个男孩，送嫁娘和其他人挨次就坐，还要点亮张挂在床帐里的"红枣灯"，叫做"添丁"。随后让一个预先选好的父母双全的男家亲属男孩（最好是生肖属龙）上床，翻腾嬉闹一番，称作"翻铺"或俗称"滚铺"，送嫁娘同时念道："翻落铺，生查埔（男孩）；翻过来，生秀才；翻过去，生进士。"寓意新娘早生贵子。新郎带新娘向来客逐一敬茶，向众人分发糖果、花生、蜜饯等。闹房随即开始。大家边吃边念歌谣式的吉利话，有的还会咏诵祝贺的诗句，俗称"作四句"。闹洞房时参加者不拘泥于自己的辈分，可以随意与新娘逗乐戏谑，增加喜庆的热闹气氛，所以有俗谚："闹洞房，无大细。"但闹洞房者不得站到门槛上，也不能将雨伞带入洞房。闹房节目多样，如咬冬瓜糖、捉蝴蝶、钓金鱼、千金过桥等，内容大多要新婚夫妇当众做出亲昵举动。新娘端坐任亲友观看、笑闹，不得表露出任何不满之意，闹洞房者若有出格的言行，应由送嫁娘来应付。闹洞房的人走后，送嫁娘端来两个红漆木碗，内盛红米圆，称"合房圆"（"相见圆"），随口念吉祥如意的"四句"："夫妻双双食红圆，吃到全家团团圆；大房放谷，下房放钱。"新娘与新郎各吃两粒后，交

成亲

换手中的碗，再吃两粒，即成双配对、交杯换盏之意。送嫁娘还要念"食圆食得全家圆，夫妇恩爱到百年。观音送来状元子，王母送来大官儿"，希望早生贵子。有的地方合房圆要由新郎新娘亲自搓成。吃过合房圆，送嫁娘退出，新夫妇即可安歇。就寝前，新娘不得踩新郎的鞋，也不得将自己的衣服压在新郎的衣服上面，否则表示今后男人会怕老婆。闹洞房一直被视为陋俗，然而历久不衰，主要是因为民间认为它可以辟邪制煞。

三、婚后礼

（一）出厅

"出厅"是指婚后新娘要到夫家大厅祭拜神明和祖先，然后正式拜见夫家的亲属和亲戚，并向大家敬茶问安。新婚的第二天，新娘在鸡鸣时就要出洞房，盥洗修容，正式参与婆家的家庭生活。新妇要煎四果汤，或者以桂圆干或蜜金枣沏成甜茶，准备"拜茶"（又称吃茶见茶）。新妇先到厅堂祭祀祖先和神明，然后端茶敬奉长辈。管事或送嫁娘引导新娘"拜亲"，介绍长辈的称呼，依亲疏辈分依次跪拜长辈，揖拜平辈亲戚，受拜者喝过茶后，要将红包放在茶盘上回敬，称为"见面礼"，拜茶所得的红包钱归新娘所有。有的新娘要回赠各种礼品，如给婆婆的头巾和簪花。近代以后不兴跪拜。出厅后，新娘便要到饭厅和家人一起吃饭，新娘要站着，并为长辈添饭。过些日子后，舅姑吩咐儿媳坐下吃饭或不必为长辈添饭时，才免去此礼。

新婚第三天中午，为新娘上厅堂特设喜宴，称"上厅宴"或"上厅桌"，由男家女眷及外戚作陪，上四道菜后，新娘离席回房，其席位由婆婆接坐，名曰"妇姑挡位"。拜茶后新娘由送嫁娘陪同，下厨房做第一次饭菜，显示自己的手艺；此外还要喂猪、饲鸡、舂米，表明自己的勤快。后者有时只是象征性的动作，新娘只舂几下米，撒一把谷子，搅一下泔水缸。新娘每做一件家务事，送嫁娘就在旁边唱一句吉利话，如新娘搅泔水缸时要说："搅潘（泔水）搅会浮，饲猪恰大牛（比牛还大）。"在泉州，庙见在成亲的第二天。黎明，新郎陪同新娘，由送嫁娘引导，上厅堂叩拜祖先，然后自长而幼依次与公婆等夫家诸亲属相见，相见时先背靠背，再转身面对面。新婚第三天，新娘由新郎陪同,送嫁娘引带至厨房,做拉灶腔、摸箸笼、摸笊篱、淘米喂鸡、搅泔水饲猪等象征性操作,送嫁娘在旁凑趣,念"新娘拉灶腔,免油煮也香;新娘摸灶沿,免油煮也甜。"这些俗称"落灶脚"。

台湾花莲的饭店

(二)探房

迎娶的第三天,新娘的弟弟要到姐夫家探望,俗称"舅子探房",有的地方称"换花"。这是娘家放心不下刚刚出嫁的女儿,担心她在新家庭怕生不适应,特地让弟弟送食物来探望姐姐,并看看是否全家和睦。新娘的弟弟或侄子带糖果、饼、香粉、抹头发的茶仔油和鲜花或纸制石榴花,上喜堂拜喜,拜见姻翁母(亲家、亲姆)及姐(姑)夫、姐(姑母),并邀请新娘回娘家作客。男家要馈赠红包,名曰"压花篮",还应设宴隆重招待。俗谣云:"阿舅仔,三日来换花,吃茶配冬瓜……"

在台湾,结婚三天后新娘出厅,当天新娘的兄弟姐妹带着糖果、鲜花来探视新娘,谓之"探房"、"舅仔探房"、"舅仔探"。男方热烈款待,还有很多"伴手"让"舅仔"带回去。另外"舅仔"也带一朵已经"做怀"的花,就是初结穗的花献给新娘,让新娘插在头上谓"换花",有祝福新娘早生贵子之义。"舅仔探房、换头花"的习俗,一来看姐妹和其丈夫是否相爱,家庭是否和睦;二来看新娘有没有要娘家出面处理的事,也顺道送"亲家帖",邀请新郎全家到女家做客。现在交通便捷,亲家婚前几乎都熟识,因此"舅仔探房"很简单,或象征性在结婚当天新人入房"食茶"后就可"探房"。"舅仔"要离开时,这对新人和男方父母都得赠送一份礼品或红包给他。[①]

(三)归宁

归宁即已嫁的女儿回娘家探望父母,称为"回门"(回娘家)、"做

---

① 涂顺从:《南瀛生命礼俗志》,台南县文化局2001年,第188页。

客"、"双人返"或"会亲"。送嫁娘也同时伴新娘回门,至此完成她的任务。新娘首次归宁的时间不同,一般选择在迎娶后的第三天或第十二天,也有的在第四、第五、第七天。新娘首次归宁,俗称"做头摆(次)客"、"头转客"。新婿要陪同新娘回娘家,并准备香烛、礼炮、礼饼、猪脚等礼物。有的地方新娘坐红呢大轿,新郎乘蓝呢大轿,以彩旗鼓吹迎至岳家。上路时如有小舅子同行,则舅爷轿在前,新夫妇在后。若步行,则新郎要跟在新娘后面,俗称"趁(跟随)某(妻)吃"。到娘家时,新人上厅堂向娘家长辈行礼请安,向岳家祖先上香、酹酒、叩拜。然后新娘进入旧闺房和女眷们话家常,新郎则留在厅堂上接受甜茶的款待。岳父要引导女婿与亲友相见。有的地方,新郎见丈人、丈母娘及新娘的姑表、亲堂兄弟时要送"红包"礼,称"丈人礼"、"丈母礼"、"舅仔礼"或统称"吃茶钱",红包的包数为单,钱额为双。其中"丈人礼"、"丈母礼"钱额较多,"舅仔礼"指给新娘同胞兄弟、堂兄弟和姑表兄弟每人一包,钱额为双,但数量依

新人木偶

亲疏减少。中午娘家要设午宴款待姑爷,厅堂上新婿坐首席,由妻舅或姻叔主陪,宴会极为隆重,要请有名望的人作陪;新娘则在内室坐首席,其他女眷作陪。宴席散后新夫妇休息片刻,即应告辞回家。首次归宁的新夫妇不得在岳父母家过夜,如确因归途遥远需要留宿,也不得同床,否则对娘家大不利。

　　女儿做客返回婆家时,娘家要适当回礼,如赠送布料和上插石榴花枝的甜糯米饭以及面桃之类的面品;一对连根带叶箍上红纸的甘蔗,象征"好头好尾",寓意新人能够白头偕老;一对或一窝脚上绑红布的雏鸡,用小竹笼装好,挂在轿(或车)前,因为"鸡"在闽南话中与"家"相似,而且鸡有带路的意思,寓意希望女儿经常回家,所以这对雏鸡俗称"带路鸡"。另外闽南有"年头饲鸡仔(雏鸡),年尾作月内"的说法,送雏鸡也是祝福人丁

兴旺。有的地方还赠一对猪崽，称"带路猪"。男家要精心喂养这一对雏鸡，让其自然老死，有的还须厚葬，以示夫妻恩爱。有的娘家要派小舅子捧一瓶花生油送新娘回婆家；花生油是添灯的油，寓意尽快添丁。新娘婚后一个月还要归宁，来回都要携带礼品。但夫婿就不一定再陪同，而且新妇可以在娘家留宿几天。以后新妇回娘家就无须遵守特别的礼仪。至此，古"六礼"之"迎亲"即告完成。

红龟粿

德化瓷龟粿印模

闽南还有"初二请女婿"的习俗。民间谚语云，"正月初一贺新正，会友探亲情；正月初二请女婿，初三犯忌无客来；初五过开，初六养肥"，说的就是民间从初一到初六的活动安排。初一是全家到亲友家中拜年。初二是城内的人家在家等待乡村亲友来访，或是等新婚的女儿女婿来拜年。女儿带的礼物与祝寿一样，有鸡、猪肚、鳖等。女婿进门，岳父母要设宴席相待，让女婿吃个饱。俗谚"灶脚吃，门后喘"，形容岳母疼爱女婿的生动情景。女儿女婿要给家中的小孩分红柑，表示祝贺。女儿女婿要回去，娘家父母要送红龟粿（原料是糯米，扁平约巴掌大小，红色，外压龟印内包馅，以植物叶为垫）让他们带回去。

婚姻不但是男女双方两个人的事情，还担负家族传宗接代的任务，同时也是两个家族的结合，不能不特别谨慎，所以有很多婚嫁的忌讳。如结婚日期喜欢定在龙年，不定在虎年。婚期不会选农历七月，认为这个月是鬼月不吉利。正月初一也不能举行婚礼。男女双方年龄加起来正好50岁则暂不成亲。新娘进门时，凡是孕妇、寡妇、服孝者、再婚妇女、与之生肖相克者（尤其忌讳生肖属虎者）、高龄未生育的妇女均须回避，以免冲喜，并且在整个婚礼期间均不得露面，以免夫妻不合或日后不孕。完婚之后，新娘四个月内不得参与他人的红白事活动，新娘忌用镜子照别人，以防冲克，亦忌看戏，以免夫妻不睦。同时也忌家庭内的喜事"相冲"，一年之内，家中不能有两个喜事，如儿女之中有两个嫁娶，或一个嫁娶一个生育。遇到这种情况必须设法再增加一个喜事，俗称"三打散"，就没有忌讳了。台湾也是如此，忌讳农历七月结婚，即"七月娶鬼某"。婚嫁忌生肖虎的人观看，因为虎会伤人，以免夫妇不睦或不生小孩。诸如此类，不胜枚举。事实上，一对新人能不能百年好合、婚姻美满，主要看是否两情相悦、互信互谅、共同为家庭奉献。否则，再怎么避免忌讳，也是枉然，婚姻仍难以维系。闽南谚语云："翁某同心，乌土变黄金。"意思是，夫妻如果同心合作，家庭一定幸福美满，事业蒸蒸日上。婚礼中礼物的种类、数量蕴涵着和谐的观念，如数量取双数、礼物多取其谐音或双关，具有特别的象征意义。这些礼物多是象征意义大于实质意义，表示人与物的和谐，也表示人们对新建立的联姻家庭之间人际关系和谐的期望。

第二节 结婚礼俗的变迁

一、近代文明结婚

晚清以来，风气渐开，政治变更、经济发展和社会观念与价值取向的更新，推动了传承性极强的风俗习惯随之发生变化。闽南民间传统婚制下有许多陋习，如指腹为婚、抱童养媳、表亲婚、童婚、冲喜、守节、纳妾、租妻、娶木主、冥婚等，逐渐减少。在传统社会，女性处于从属地位，"女子无才便是德"和"三从四德"的儒家伦理束缚着女子的身心发展。在现代化过程中，女子教育形式从家庭的个体教育向社会化的学校教育发展。福建近代女子学校教育以教会女塾产生为发端，鼓浪屿上设立了毓英女学校、怀仁女学校、明道女学校等。随后官吏、士绅、华侨等各界人士都加入创办女子学校的行列。受教育机会是衡量妇女社会地位的重要尺度。女性的婚姻自主权得到初步实现，自由恋爱，自由婚姻成为时代的潮流。随着人们婚姻家庭观念的变迁，婚姻礼俗也逐渐改变。一方面，传统的婚姻礼俗被部分抛弃或加以改造、改良；另一方面，清末已经萌芽的"文明结婚"、"新式婚礼"在民国时期被越来越多的人们所接受和采用，婚姻礼仪呈现多样性和并存

1895年的厦门闽南女子学校

性。传统社会的婚姻制度是以家族为本位，延续家族的生存和发展成为首要考虑的问题，往往很少考虑作为婚姻基础的男女双方感情，婚姻多为包办。而且旧式婚礼繁冗，浪费时间和财物。知识界率先倡导移风易俗，摒弃旧婚俗，新式婚礼逐渐在闽南社会上流行。

　　新式婚礼的形式趋于简单，所费简朴，淘汰了许多陋习。文明结婚主要包括三个阶段：①订婚。男女自由恋爱，或经人介绍，征得双方家长同意后，互相交换纪念品，摄影留念，并在报上合登启事，男女双方准备礼饼喜糖馈赠亲友，婚约即告确立。结婚前夕，又在报上合登结婚启事，告知亲友结婚日期，亲友即送礼品贺仪或登报祝贺。②迎亲。婚礼当天，男方雇彩旗鼓吹队和迎亲彩车（小轿车），新郎身着西服，由男傧相陪同，往女家接新娘。新娘披白婚纱，由女傧相陪同，登车与新郎双双同往男家。沿途吹奏喜乐，燃放鞭炮。③婚礼。厅堂布置为结婚礼堂，或租用礼堂，台上放置喜糖、礼饼、水果、茶具、结婚证书。司仪高唱"结婚典礼开始"，在奏乐鸣炮声中，来宾、证婚人、主婚人、介绍人依次入席，新郎、新娘由男、女傧相陪同缓缓步入礼堂。主婚人致辞后，宾客致贺词，新郎致答词。接着，证婚人宣读结婚证书（非官方文书），新郎、新娘、证婚人、介绍人、主婚人分别在证书上盖章；新郎、新娘在证婚人主持下互相交换戒指。最后，新郎、新娘向来宾、证婚人、介绍人、主婚人行鞠躬礼，两人再互相行礼。礼毕，照相，举行婚宴。1931年的《厦门指南》载："婚姻多旧俗，礼节繁重，费时伤财而已。近人事日多，莫不避繁趋简。改花轿为汽车，其礼堂或

1895年泉州培英女校的教室内

就家中，或借用会所、学校，或租用旅馆戏院。一经行礼，即告了事……独聘金之厚，礼物之多，一时犹未尽改。"①

20世纪30年代，在推行文明结婚的同时，由政府当局、社会团体主持举行的"集体婚礼"在闽南沿海城市应运而生，形式更趋简便。以厦门市第二届集体婚礼为例。据厦门市档案馆收藏的档案记载：结婚典礼于1936年1月1日上午11时在厦门市政府礼堂举行，有5对新人参加。还请厦门双十中学军乐队参加奏乐，礼毕后乘车环游本市一周。由厦门市市长和市政府第一科长证婚。市长在证婚词中说："移风易俗，厉行新制，从此一德一心，戒鸡鸣于昧旦，相亲相敬，举鸿案以齐眉。"表明了新式婚礼的意义。其婚礼秩序是：奏乐，来宾入席，主婚人、介绍人入席，证婚人入席，奏乐（结婚人进礼堂），全体肃立，向党国旗及总理遗像行三鞠躬礼，结婚人相对一鞠躬，证婚人宣读证婚词，新郎新娘依序前进（向证婚人致敬礼一鞠躬、证婚人授与证书及礼品、谢证婚人一鞠躬、退立），市长训词，奏乐，礼成，摄影，茶叙。还规定了"观礼须知"：应于礼前半小时凭观礼券入场，应遵守会场秩序并依本处所指定之座位观礼不得紊乱，不得携带小孩入场（恕不接待），不得随带违禁品，不得吸烟及随地吐痰，不得随意喊叫，衣服应清洁整齐，入场应即脱帽，并不得抛撒花草等物。①

新式婚姻礼仪减少旧婚俗的繁文缛节，简化结婚礼仪程序。它的后面隐

---

① 苏警予、陈佩真、谢云声编：《厦门指南》（第四篇），1931年，第3页。
② "厦门市政府民政局市第二届集团结婚 1935年"，厦门市档案馆，档号 A10–128。

含着婚姻价值观的深刻变革，淡化了婚姻单单是为家族传宗接代的目的，标志着婚姻观转向以夫妇双方幸福及小家庭为主，体现了自由、平等的婚姻价值观和对人的尊重。初期的文明结婚，难免也掺杂了不少旧式婚礼的成分。实际举行时，往往有所简化。从总体上说，新式婚礼在当时并不占主流地位，绝大多数仍然以旧式婚礼为主，或新旧并存。但新式婚姻展现着新的时代风貌，反映了人们对新的文化观念的兼容心理，也反映了女性地位的提高。

二、新时期的婚俗变化

1949年后，实施《中华人民共和国婚姻法》，确立"婚姻自主，一夫一妻，男女平等"的民主婚姻制度，禁止包办、买卖婚姻和重婚，鼓励晚婚晚育，废除童养媳、近亲结婚、纳妾等婚姻陋习。惠安东部沿海一带妇女婚后长住娘家之俗现在也基本消失。随着经济的发展，科学技术的发达，各种生活方式的演变，即使是许多沿袭已久，看似牢不可破的古老习俗，其表现形式也受到现代文明的影响。在今天闽台两地闽南人中，嫁娶仪式基本上不像以前那样烦琐，不少礼仪已被省略。同时出现了各种各样的新婚俗，其多样性正是对现代生活方式适应的表现，也反映了社会多元文化的趋势。

1. 相亲与订婚

婚姻是人生历程中最重要的转折阶段，传统婚礼的繁文缛节，从一个侧

鼓浪屿的婚礼

面反映了人们对婚姻的严肃态度。以往婚姻依靠"父母之命，媒妁之言"，盛行"合八字"，这和当时社会开放度有限有关。由于男女双方彼此缺乏了解的渠道，信息不对称，往往通过这种形式来预测婚姻的可行性。同时，建立婚姻不容易，婚姻不仅是两个当事人的事情，更是两个家庭甚至是两个家族诸多成员社会关系的联系。但现在无论在福建还是台湾，男女之间自由恋爱，合八字、讲生肖忌讳的越来越少，有的只是走走形式。而且也发明了很多变通方法。经常可以听到类似的说法，如虽然年龄差六岁，但差六岁不是太差，就是太好，刚好这两个人就是太好的那种。即使算出两个人八字有冲突，算命者或长辈也会提出一些改变运势的方法，有的人甚至就换一个再算，这样也给人一种积极的心理暗示。相亲是让男女当事人互相观察对方容貌身材、言谈举止的常见途径。随着社会风气的开放，人们在工作生活中人际交往的机会增多，主张自由恋爱，婚姻自愿。但个人的交往范围毕竟有限，而且现代社会工作节奏加快，很多人非常忙碌，相亲仍然是重要的渠道。通过亲戚、熟人、朋友、同事的介绍，男女双方在公园、咖啡馆等场所见面，如果满意，互相留下手机号码继续联系。有了结婚的打算，会把对方带到家中让父母和亲戚相看，作为长辈更关心的是性格品行，是否孝敬父母，而不管什么"断掌"。有时也带上熟人充当媒人角色，在男女双方之间说合，这样的仪式比较随意简单，也体现对长辈的尊重。

　　婚姻往往有媒人参与其中。民间认为男女结合是由月下老人系红绳加以撮合的，所以，后人就把媒人叫做月下老人，简称月老。月下老人又称月老

惠安女石雕像——漳州崇武

惠安女木偶

神君或月老公，是中国神话传说中婚姻之神，掌管婚姻缔结之事。月老形象常被塑造成白胡多须，脸泛红光，左手挽着红丝，右手拄的拐杖上挂着姻缘簿。闽台习俗在订婚时，由男方长辈为准新娘戴戒指，戒指以红线系结，取意"千里姻缘一线牵"，象征婚姻关系的开始。欲得到姻缘者，可向月老祈取红线。民间传说，每年七夕过后，七娘妈将人间适婚年龄男女分别造册呈报天庭，再由月下老人搭配适当的配偶编造姻缘簿，以便正确执行其职责。在台北龙山寺就有一间月老殿。现在的月老形式多样。除了亲友介绍外，一度流行在报刊上刊登启事征婚，还兴起婚姻介绍所。现在又出现了征婚交友网站的征婚活动，电视相亲节目也很受欢迎，从而进一步拓宽了男女青年择偶的渠道。择偶观念大多仍然受传统影响，要求男的比女的强，闽南有句俗语"翁好某翘头"，意思是丈夫如果有出息，做妻子的是很骄傲的。同时也考虑对方的家庭背景、受教育程度，也会看有没有感觉，是否有共同语言等。

以往闽南人认为土地婆小气、反对均贫富、多话等，常常不被人祭祀。但随着时代变迁，土地婆形象也有了很大变化，增加了做媒人的功能。台湾传说，因为有几百年和土地公的美满婚姻为信用，作为神灵世界里有配偶的女性神灵，土地婆还担当了牵红线媒人的职责。据说有一次月下星君因为喝酒，写错姻缘簿，牵错了红线，被玉帝惩罚下凡间补过。月下星君下凡间后，请土地公帮忙寻找当时的姻缘男女，于是土地公就帮助他，但是因为性别关系（土地婆会吃醋），所以必须请土地婆协助，在土地公和土地婆的协助下，月老完成阴错阳差的正缘，以后就与土地公成为好友。据台湾媒体报道：嘉义县有一座庆诚宫，建于清嘉庆年间，主祀天上圣母妈祖，香火鼎盛。庆诚宫还有一尊供奉逾二百年的土地婆。妈祖每周日"济世"，为民众解决疑难症，其中有三成民众求姻缘，各年龄层皆有。而妈祖还请土地婆代为牵姻缘。庆诚宫常务董事表示，要开放信徒前来向土地婆求姻缘，如土地公、土地婆一般，感情长长久久。庙方将准备五色线、信徒基本资料卡。若顺利，未来甚至可在神明见证下举办团体婚礼。

民间仍有订婚之俗，常在结婚登记前举行。在订婚时，双方交换礼品，并和亲属举行家宴。20世纪60年代订

月老

答谢月老——台北龙山寺

土地公

婚信物多为自来水笔或手表，还给女方购买衣料。20世纪80年代后，金银玉饰和现金也出现在彩礼中，档次不断升高。喜糖和喜饼很多采用现代的糖果和糕饼，如巧克力糖等，包装精美。现在订婚、归宁等仪式也常常在酒店举行。

2. 婚礼

20世纪60年代，人们以移风易俗为荣，婚事新办，简朴节约，蔚然成风。婚期不择黄道吉日，大多利用元旦、春节、劳动节、国庆节等假日。新娘不坐花轿，由新郎亲往岳家，拜见岳父母后，偕新娘双双步行或乘自行车至男家。婚礼采用"茶会"形式，由家长或单位领导主持，请亲友参加，招待烟、茶、喜糖、礼饼，不设酒宴。双方照一张黑白结婚照，双方的家长聚餐。结婚不讲求聘金，嫁妆也很简单，一般是一两只箱子，内装衣服（如的确良衬衫、尼龙袜）、凭票供应的布料等，外加日用器皿如脸盆、牙杯、热水瓶之类，在婚前一天或结婚当天，由女家送往男家。亲友送礼有脸盆、热水瓶、毛巾等。20世纪70年代后，在聘礼、嫁妆中出现自行车、收音机、缝纫机等"三大件"，有的也开始办酒席。旅行结婚在20世纪80年代后流行一时。男女双方共同办理结婚登记后，找一个国内风

喜糖

景名胜地，外出旅行度蜜月。回来后分送喜糖、礼饼给亲友，不请客；或仅办两三席酒宴请至亲好友。由于观念的更新，男到女家居住，时有所见。

集体婚礼在20世纪60年代风行一时。改革开放后，又重新得到提倡。这种婚礼的特点是简朴、隆重而热烈，多对新人穿着西服和婚纱，在广场等公共场所共同举行婚礼。礼仪小姐向他们抛撒祝福絮花，有关领导为集体婚礼作证婚人，向新婚夫妇颁发结婚证书、纪念礼物，致以祝贺。但集体婚礼主要由政府有关部门提倡组织，平时较少举行。

外景婚纱照

20世纪80年代后，随着闽南经济的快速发展，生活水平提高，结婚请客送礼极为普遍，贺礼甚丰。传统聘礼和嫁妆已很少见，先是流行"三转一响"，即缝纫机、自行车、手表和收音机，后来是彩电、洗衣机、电冰箱、空调、音响、高档家具等，成为刚刚建立的小家庭的必备物品。现在婚礼的迎亲环节大多是用小汽车迎娶新娘，一般出动的车数是偶数，车队越长越好。新娘车要由花店布置，装饰红绸带、鲜花、新郎新娘样子的布娃娃，喜字必不可少。

拍摄婚纱照片是现在婚礼筹备的重要环节，新郎、新娘到专业的影楼拍婚纱照纪念，影楼提供婚纱、礼服和化妆，由专业摄影师拍摄后，再对照片进行

2011年10月，平和县人口计生局、团县委和县妇联在宝善公园联合为20对新人举办了以"倡导生育文明，构建幸福家庭"为主题的青年集体婚礼

厦门的酒店婚宴　　　　　　　　　　　　　厦门的酒店婚宴

编辑和设计,最终得到成套的精美相册,有的还要拍外景照。婚礼一般在酒店举行。之前由男女双方拟好客人名单,各自分发请柬,预定酒宴。结婚吉日,在酒店内摆几桌到几十桌宴席,请来双方领导或有名望的人作证婚人,有的还请酒店的专职司仪主持婚礼。在婚礼上播放专门摄制的以婚纱照和生活照为主题的新人录像。来宾赴婚宴要送红包,金额水涨船高,主办者会返回一个小红包,或是一个装有糖果、巧克力、小饼干等的礼包作为回礼。酒宴的菜单里有龙虾、鲍鱼、螃蟹、石斑鱼等海鲜,有的菜肴名称还有"早生富贵子、百年庆好合"的好兆头,线面更是必不可少。现在的结婚礼俗一般都融合了中西文化的特色,如在酒店门口迎接宾客时,新娘穿白色婚纱;但敬酒时,新娘又换上红色旗袍。婚宴的新娘婚纱礼服往往由影楼提供。有的则在婚礼之后,再蜜月旅游,甚至到东南亚、日本等地旅游。现在结婚费用水涨船高,但要量力而行,有什么条件就结什么条件的婚,不要盲目攀比,毕竟家庭和睦不在于一时排场,不要因为一场婚礼而给新人日后生活增加沉重的经济负

厦门的酒店婚宴菜单

联姻菜单
1899元/席

岁　点　映　双　辉
导　生　富　贵　子
过　运　大　拼　盘
沙　蒸　海　龙　虾
　　稞　大　连　鲍
　　苔　鲜　虾　排
鱼　翅　炖　全　鸡
黑　米　蒸　膏　蟹
　　葱　海　中　斑
　　花　椒　脆　肉
　　椒　鲍　鱼　笋
　　皮　炸　乳　鸽
上　汤　浸　时　蔬
厦　门　炒　面　线
百　年　庆　好　合

南靖县塔下民俗村《新婚之谜》表演

担。也有的简朴办婚事,上网团购喜糖、婚纱等。婚礼后要发喜糖给双方的同事朋友,请大家一起分享这份甜蜜,同时也收获众人的祝福。

明清时期,闽南沿海地区由于经商和对外贸易的发达,生活相对富裕,加上闽南人"输人不输阵"的好面子心理,盛行奢华婚礼,讲求奢靡嫁妆。由此也造成溺女婴、性别失调等社会现象。近年来在泉州晋江、石狮、南安等经济发达地区又流行"高嫁妆"的习俗,嫁妆中出现了汽车、房子、店面、存折、金银玉器,陪嫁数百万元屡见不鲜,这在其他地方很罕见。特别是一些私营企业主,都会给女儿一笔丰厚的资产作为嫁妆。这也是继承权的一种变通形式,提前分配女家家庭产业,意为女儿以后不能回来和兄弟争财产。但高嫁妆风气给不少普通家庭带来沉重的经济负担及精神压力,也导致一些社会问题。同时,在婚礼中存在铺张浪费的现象,互相攀比讲排场,宴席几十桌、上百桌的大场面比比皆是,规格不断提升。这种风俗的背后隐含着金钱婚姻观和炫耀性消费,需要辩证看待与理性思考。

在现代结婚仪式盛行的同时,也有一些人希望回归传统民俗。据台湾媒体报道:2009年元宵节,台湾南投市慈善宫除了壮观的主题花灯展示外,更精心设计了多项即将消失的传统过年活动,让民众能在元宵节感受古老的过年味,更希望让有情人终成眷属。其中最特别的是钻灯脚、跳菜股(跳过种菜的田埂)、偷采葱及攻炮城等元宵民俗活动。台湾俗语:"偷挽葱,嫁好翁。偷挽菜，嫁好婿。跳菜股，娶好某。"据民间传说，元宵节当天月下老人将出游，当晚若男的跳菜股，女的偷采葱，并向月下老人许愿日后能有好姻缘，则将结成良缘。主办单位特别放置月下仙翁与麻紫衣师的神像作为证盟，以示遵循古礼。

3. 婚育新风

1998年10月，国家计生委在陕西省延安市召开全国"婚育新风进万家活动"座谈会，在全国范围开展"婚育新风进万家活动"，并将这项活动纳入全国精神文明建设。1999年3月，中央宣传部、国家计生委联合下发了《关于广泛开展婚育新风进万家活动的通知》，在全国城乡广泛开展婚育新风进万家活动，宣传科学、文明、进步的婚育观念，增强广大群众实行计划生育的自觉性。大力宣传晚婚晚育、少生优生、生男生女一样好、女儿也是传后人、男女平等和计划生育丈夫有责等新型婚育观念，普及计划生育和生殖保健知识。1995年第四次世界妇女大会和非政府组织论

南靖县书洋镇芗剧团在塔下村演出计生小品《土楼婚礼》

坛在北京召开，通过了《北京宣言》和《行动纲领》，第一次向国际社会公开承诺："把男女平等作为促进我国社会发展的一项基本国策。"2005年8月全国人大通过《妇女权益法》的修改，把男女平等国策提升为性别权益法规。1998年11月，福建省计划生育委员会出台了《八闽新型生育文化建设世纪行》计划。2002年4月，国家计生委宣教司将《八闽新型生育文化建设世纪行》计划和计划生育宣传访视活动及基层的134件传播婚育新风的事例编入《婚育新风博览》。2001年以来，福建省有百余件基层创作的适合本地群众欣赏习惯、感染力强、艺术性强、反映农村婚育新尚的文化作品在各项文化、文艺评选中获大奖，产生了很好的社会效应。南靖县巧借民俗活动，利用民间"龙艺节"、"火把节"等传统节日，精心设计组织人口文艺活动，

第五届海峡两岸闽南婚庆文化节

大力倡导婚育新风尚。还将家庭人口文化宣传与土楼文化宣传有机融合在一起，土楼文艺表演队演出计生小品"新婚之谜"和"抛绣球"节目。

"婚育新风进万家活动"在闽南社会引起极大反响，各地倡导科学、文明、健康的婚育新风，为稳定低生育水平、提高人口素质，发挥了不可替代的作用，在全社会形成良好的文明新风尚，走上有利于精神文明建设、共建和谐社会的道路。

海峡两岸婚庆旅游文化节自2003年首次举办以来，到2011年已经举办了9届。2009年第七届婚庆文化节首创在金门和厦门举行大型的海峡两岸集体婚典，自此形成了两岸婚庆双向交流模式。这一活动吸引海峡两岸民众交融参与，进一步促进两岸民间交流，传递共同血脉亲情。

第九届海峡两岸婚庆旅游文化节启动

第二章
生育礼俗

> 婚姻演绎爱情的延续，生育担当生命的传承。闽南人的生育礼俗，大致可分为"出生前"和"出生后"。出生前的相关仪式，包括"祈神、栽花换斗、送灯、护胎、孕妇禁忌、催生礼"等。出生后的习俗，则可分为产妇和孩子两类。产妇主要是坐月子、产妇禁忌、报生；而孩子则有"做三朝"、"做满月（剃发）"、"做四月日"、"做度岁（抓周）"、"挂䘼"、"拜床母"、命名、过继等相关的活动。

第一节　出生前礼俗

"多子多福"是中国传统文化中重要的观念。闽南深受宗法制度影响，宗法制度的特色是父系、父权、父治、族外婚制以及长子继承，婚姻的最主要目的就是传宗接代。"不孝有三，无后为大"，"子嗣"的观念在人们心目中始终居于首位，结婚后生儿育女是天生职责，然后要教育其成长。在传统社会，生育是女性的天职，更是对女性存在价值的衡量。婚育是女性面临的重大人生问题和重要转折关口，在医疗条件落后的情况下，也成为女性生存和健康的难题。女性的婚育生命历程也是巫事活动最为集中的时期，女性无法把握自己的命运而陷于被动、迷惘时，只能求助于超自然的神秘力量。

一、求子风俗

女性一旦结婚后,就面临生子问题,如果没有怀孕或没有生男孩,就会受到公婆和丈夫乃至社会的歧视,承担巨大的舆论压力,所以四处求神拜佛,盼得贵子,各式各样的祈子习俗由此而产生。

1. 婚俗中的求子观念

结婚仪式的整个过程都充满早生贵子、子孙繁衍的期望。闽南方言"灯"与"丁"是谐音。迎亲时,有"送灯"的形式,在新娘花轿前有两顶舅爷轿或打灯轿,由新娘的弟弟或侄儿乘坐,轿子上挂一对灯笼或马灯(风灯),要在男家点三天,寓意"送丁"。即使有的地方新娘不坐轿而是走路去新郎家,前面也要有一两个提灯的小孩。有的在轿前有一人挑烘炉火炭,上面盖着两块瓦片,瓦片上还贴着有双喜的红纸。当新娘到新郎家门口下轿后,按时辰进门时,一踏进门槛,就要把随身带来的糖果、红枣、花生、桂圆等撒在地下,让小孩去捡。新娘进入洞房后,也要把红枣、花生、莲子等扔在婚床上或床底下让小孩捡,都是象征婚后甜蜜、连生贵子。新娘的嫁妆中有一个崭新的马桶(俗称"子孙桶"),里面放着几个橘子。马桶在新房放好后,有的地方要让小男孩往里面小便,象征生男孩。新娘进洞房时,新郎家人要把带路鸡放进床底下,然后撒米引诱,想方设法使公鸡先出来,如果先钻出来的是公鸡,就预兆头胎要生男孩;若是母鸡则预兆要生女孩。带路的母鸡若在一两天内下蛋,也被视为新娘早生早育的吉兆。

婚礼那天,要请亲属中的小男孩坐新娘床上滚铺,吃圆子,并念吉利语,预示早生儿子。新娘嫁妆中的茶壶、茶杯、锅子、脸盆、马桶等各种用具,都要放上各种植物的种子,如枣子、莲子、稻谷等,有的还放芋

天仙送子

头和几个粽子，祈求新婚夫妇能早生贵子。在台湾，女儿出嫁时，母亲会在嫁妆的橱屉或妆奁中放些冬瓜、橘饼等蜜饯，其意为"吃甜，快生后生"，希望出嫁的女儿早生儿子。新娘嫁妆中有一盆莲蕉花和一盆石榴，莲蕉隐喻生育男孩，石榴代表多子。此外，嫁妆中还有带根带叶的芋头、韭菜和炭，芋头寓意落叶生根，韭菜象征繁殖，炭与"传"谐音，都表明希望生子。

2. 祈神

为了满足祈子需求，在闽台地区，一般是参拜生育神观音、妈祖、注生娘娘，也有向天公、土地公、保生大帝等各路神佛求子。闽台很多庙宇都配祀注生娘娘，甚至以其为主祀。有的认为，注生娘娘也许是临水夫人，也许是碧霞元君，这要以神灵的生日为何时来判断，如果生日是农历正月十五日，那么她就是临水夫人；而如果生日是农历三月初三，那么她就是碧霞元君。此外，许多村庙里供奉的阎罗天子也是闽南人求子祈祷的对象。因为在闽南人看来，阎罗天子管的是人的生死，一个人寿终正寝后，到了阎罗天子那里，就由其评判其善恶，善者就会让其转世投胎，所以求子也可以向阎罗天子祈求。因此，村庙中阎罗天子的神像多画成在处理转世投胎时的形象。①

想要生子的媳妇要在婆婆陪同下到庙里参拜，向"娘妈"（注生娘娘）祈求。一大早，婆媳穿上干净的衣服，准备好牲醴、香烛、果盒、菜盒等，用"红桶盘"（漆成红色的宽面浅桶）装着，一起去庙中上香祈祷，祈求注生娘娘早赐子嗣，并通过卜杯或求签的形式来判断神意。庙里一般都有庙祝或神婆，专门替祈求者解释签诗的意思。注生娘娘身边还有十二婆姐，她们手上都抱有一个婴孩，分别掌管注生、注胎、监生、报送、守胎、转生、护

注生娘娘——台北天后宫

---

① 石奕龙：《闽南乡土民俗》，福建人民出版社2007年，第140页。

产等职责。

有的求孕女子将供奉在神像前的花插到自己的头上，表示这样注生娘娘就会将孩子赐给她，有的还把亲手做的帽子和衣服给婆姐抱的婴孩穿。庙中常备有泥塑的孩童偶像，称为"孩儿仔"。祭拜之后，婆婆以卜杯茭的方式向庙里求得一个"孩儿仔"，再用红纸包些香炉中的灰烬一起放在"红桶盘"内，对土偶说："来，缀阿妈转来去（跟祖母回家去）。"然后，婆婆让儿媳捧着红桶盘一起头也不回就走。到家后，把"孩儿仔"放到儿媳房内的桌上，将香灰放入她的枕头内。认为经常看孩儿仔，就会生一个漂亮的婴儿。有的庙里不但有孩儿仔，还有泥塑的"状元"。乞"状元"和乞"孩儿"的方式一样，只是乞"状元"多在元宵或中秋，而且乞回的"状元"不是摆放在房中，而要摆在前厅的"几桌"上供全家观赏。若如愿怀孕，要到该庙答谢，并祈求胎儿平安，顺利分娩。生了孩子后要带鸡酒和油饭作为谢礼，到庙中祭拜注生娘娘，表示感谢。鸡酒是产妇必吃的食品，以老姜、麻油、红糖、

十二婆姐——台北龙山寺

祈神——晋江石鼓庙

祈神——台北天后宫

石狮姑嫂塔

桂圆肉、子鸡和酒焖成；油饭则是糯米加麻油煮成。同时要到专门制售"孩儿仔"的店里买"孩儿仔"奉还供有注生娘娘的庙，一般是3~99个。[1] 如果生男孩，还愿答谢的仪式更为隆重，供品也更丰富，有鸡酒、茶、五牲（鸡、鸭、猪头、猪肉、鱼）、果品等。在孩子的三朝、满月、周岁甚至十六岁时也要到注生娘娘的庙中敬拜答谢。

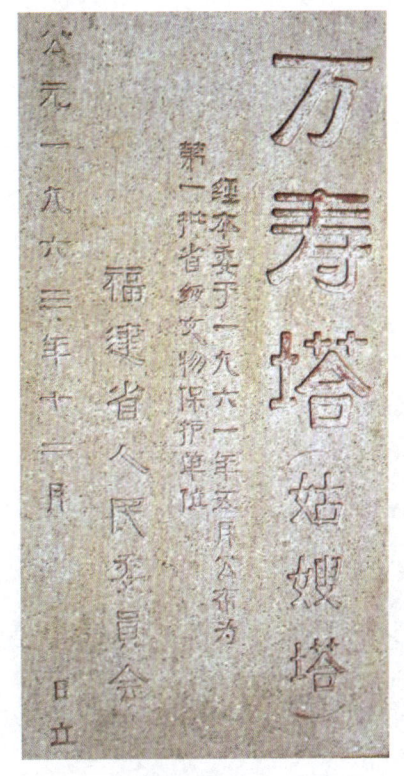

也有用在神灵面前掷卜的形式来预测生男还是生女。石狮市永宁有一座宝盖山，山上有一座用花岗岩建造的仿楼阁式的空心石塔，共五层，约21米高，建于南宋，称"万寿塔"或"关锁塔"，又称"姑嫂塔"。第五层的外壁有一个方形神龛，雕刻佛像，但民间多讹传为姑嫂石像。据说在八月十五日这一天，宝盖山附近的孕妇和女性长辈会来此处，站在姑嫂石像的对面，持一铜钱向姑嫂石像抛去，"掷钱卜子"，如果能掷中嫂嫂的鼻子，而落地后铜钱呈现正面，就表明腹中的婴儿是男性，落地后铜钱呈反面，则表示是女孩。

---

[1] 漳州市政协编：《漳州民俗风情》，海风出版社2005年，第108~109页。

3. 生殖崇拜

生殖崇拜是自然崇拜的一种特殊形式，也是曾普遍存在于人类社会童年时期的社会现象，通过生殖崇拜祈求种族的繁衍和生产的发展。惠安、南安、石狮等地有多处先民遗留下来的崇拜物，用石头雕刻成男女生殖器的形状，如石笋、石钉之类，有的刻成公马、青蛙等动物的模样。祈子妇女带着香烛等祭拜这类偶像，络绎不绝，认为很灵验。泉州有一处罕见的"石笋"古迹，高3米多，底部直径1.26米，由数段直径不等且石面粗糙的花岗岩石雕缀而合成，呈圆锥状，与竹笋相似，石笋与笋江及江上所造之石笋桥，都由此而得名，石笋"卓立二丈许，江在其下，故名笋江"。石笋从其形看，与其说像笋，不如说像男性生殖器，故泉州人又称石笋为石祖。20世纪50年代初移动约七八米到现址。移动前，石笋下面还有一个基座，是由两块花岗岩石叠在一起，近似磨盘，其中一块中间凹下，称为"仙尿盆"。当地人认为崇拜石笋，可让不育妇女怀孕，也可使家畜繁衍，五谷丰登。泉州人还进一步赋予石笋风水的功能，甚至认为石笋和泉州人的仕途有关系，所以南宋时即被修复，乾道五年（1169年），泉州知州王十朋有咏石笋桥的诗句："刺桐为城石为笋，万壑西来流不尽。"民间又传说清源山是山公，紫帽山是山母，两山交会于笋江，但山公卑下，山母隆起，故堪舆家认为需建石笋，以振乾纲，以使泉郡人丁兴旺、衣冠鼎盛。① 由于泉州是多元宗教汇集之地，也有人认为笋江石笋是古代印度的"林加"（男性生殖器）崇拜遗迹，具有婆罗门教湿婆神祇的功能，因此它有可能也是古婆罗门教在泉州的遗物，1961年被列为福建省重点文物保护单位。

泉州石笋公园

---

① 林振礼：《宋代泉州府学石笋变迁管窥》，《泉州师范学院学报》2006年第9期。

4. 巡花丛

除了拜神明的仪式外，还有"巡花丛"的仪式，目的是求孕或改变胎儿性别。民间认为，人的元神归属植物，女子的元神是另一个世界里的一株花树，其生长情况与女子的身体及生育能力有关。生男育女取决于"花丛"所开之花，"白花"属男，"红花"属女。结婚多年仍未怀孕或多次小产，就认为是女子所属的"花丛"出现问题了。闽南妇女婚后不孕或没有生男孩，有的直接求助神灵，还要问明神灵食荤还是吃素，然后决定带牲醴或素斋前往神庙参拜，祈求自己的花丛旺盛，或将花丛中的红花换成白花。有的借助神婆（或神姐）、道士（师公）等举行仪式，请其"巡花丛"、"换花丛"或"栽花换斗"。神婆或道士要问明是要"换花丛"，还是仅仅换一下花的颜色。"巡花丛"采用的仪式和方法各种各样。有的是在举行仪式时要求祈子妇女手捧一株芙蓉花，待仪式结束后，将芙蓉花带回家细心照看，等待怀孕。有的请神婆或道士代为察看家中庭院或村落附近象征本命的花丛或树丛的情况，看是否倾倒或枯萎，然后整理、灌溉，使其重新焕发生机。"巡花丛"求子时也要许愿，或者献给神明一条绣金的桌帏，或者捐香火钱，或者铺桥造路。生下孩子后要还愿答谢。如果前几胎都生女孩，再次怀孕后要搬一盆美人蕉到寝室中，请神巫在床前画符念咒，并焚烧金银钱，然后将美人蕉搬到后房加以细心看护，如美人蕉花不枯萎，就认为成功地将女胎换成男胎。

台湾也沿袭"栽花换斗"的习俗。其方法有两种，一是请道士将一盆莲蕉花带进房内，在床前祈祷、贴符和烧金银纸，最后将莲蕉花种在屋后，每天浇水，不使它枯萎，这样胎儿就会变成男的。二是带一盆芙蓉花到庙里祈祷，准备好牲礼香烛，祈祷者在神前读经，妇女在旁烧香、烧金纸，并跪拜祈求变胎，回家后继续祈祷三天，之后将芙蓉花种在庭前，就可达到变胎的心愿。还有换肚习俗。已生有女孩的女子，希望能生个男孩，不料又生出女孩，娘家的父母也希望女儿生男孩，娘家就在生产后十天内，煮好"猪肚"给孕妇吃，猪肚象征产妇的肚，吃了猪肚就可以换掉产妇生女的肚，希望下次就能生男孩了。此外，还有"踏草青"习俗。生产后一个月，回到娘家去游玩，也能生出男孩。俗语说"踏草青就能生后生"，意思是到外面散步踏青草地，就能生出男孩。①

5. 偷俗

闽南人还有在元宵节夜里偷他人某种东西以预示生男孩的习俗。这天，有的结婚几年还没生男孩的男子会在夜深人静时跑到别人家的猪栏去偷喂食的盘子，如被发现并被臭骂，就认为是来年生男孩的预兆。台湾澎湖也是男子做此事。但在基隆则不同，是把妇女偷别人的喂猪盆被人骂作为生男之兆。还有求子妇女，偷拔别人家篱笆以为吉兆，因"竹篱"音同"得儿"。这类偷俗仅为象征性质，邻居得知，亦多不以为然。另外，还有"偷瓜求子"的习俗。瓜被看做是得子的象征。求子者会请别人代为偷瓜，若偷瓜被人看见挨骂也不为意。有的还把瓜画上小孩子的五官，和瓜同睡，并煮瓜吃，认为这样易得男孩。

6. 送灯、钻灯脚与数宫灯

在重男轻女的农业社会，民间重视添"丁"发财，多"子"多孙多福气。闽南方言"送灯"意即"送丁"、"添丁"，并且以观灯与送灯等象征性行为，来满足求子的愿望。闽南人认为正月十五日元宵节是注生娘娘的诞辰日，想要孩子的妇女在这天晚上上街看花灯，会偷偷地摸一摸花灯脚，或从灯下穿过，俗称"钻灯脚"，注生娘娘就能早赐贵子。在台湾，已婚妇女为求生子，元宵赏灯时常常往来穿梭灯下，民间也有"穿灯脚，生卵孵"之说，意思是若从灯笼下通过就生男孩，但只限于元宵夜才灵。所以正月十五夜晚，要到寺庙进香，祈祷注生娘娘，保佑生个男孩。

此外，未生男孩妇女的娘家在元宵节前送莲花灯到女婿家，祈祝"连生贵子"。如果已生有男丁，娘家则送各种花色的花灯，俗称"添丁"。有的地方，女儿出嫁的头一年元宵节，娘家派小舅子送去"观音送子灯"，第二年送"孩儿坐盆灯"，第三年则送"状元骑马灯"。有的地方则在新婚后的第一个元宵节送莲花灯；如果未育，第二年送"观音送子灯"，如果还是不能怀孕，第三年就送"橘灯"，表示娘家急切之情。在晋江安海，女儿出嫁后，头三年元宵节，娘家都要给女儿送灯。头一年送莲花灯、绣球灯，第二年送

---

① 林明义：《台湾冠婚葬祭家礼全书》，台北：武陵出版社1988年，第91页。

桃灯，第三年送鼓灯。有的宗族会在宗祠中扎一大鳌山，组织前一年新婚的新娘来此钻灯脚，祝愿她们早生贵子，另一方面也让本宗族的宗亲来看新娘，认识新娘。此外，未育妇女的娘家，也会在这天送来一红一白两盏莲花灯到女婿家，借送灯这种形式表达注生娘娘"送丁"之祝愿，祈祝他们夫妇能生贵子。如果莲花灯被烛火烧了，俗称"出丁"；烧的是红的，预示生女儿；烧的是白的，预示生男儿。

泉州有灯龙游行的仪式，灯龙越长，象征人丁越兴旺。有的宗族规定，凡族人前一年生男孩者，要添灯一个，称添丁，上元夜集中悬挂于祠堂门口。晋江东石镇有"数宫灯"的习俗。当地有座嘉应庙，奉祀宋代魏了翁祖孙三代圣贤"三公爷"，俗称"三公宫"。每逢元宵佳节，上一年新结婚的新郎提前三天，从家里提一对宫灯挂到嘉应庙的大厅中，正中另外定制一盏公共的大红绣球灯，连挂三个夜晚。从正月十三开始，嘉应庙举办为期三天的宫灯会，祝贺新春快乐。东石男人大都长年航海在外，通过数宫灯，可使回家过年的航海者了解家乡人丁情况，并同去年的宫灯数比较，看看比去年增加了多少。东石从明清开始，一批先民移居台湾，不仅把在台湾的聚居之地取名东石，在当地兴建码头、妈祖庙、关帝庙和嘉应庙，也把老家祖祖辈辈流传下来的独特风俗"元宵数宫灯"照搬了过去。目前，晋江东石镇嘉应庙

泉州元宵灯会

在台湾已经有20多处分炉，如台湾嘉义县东石乡嘉应庙、北港仔嘉应庙等，每年也同样举行"元宵数宫灯"的活动。

7. 其他求子风俗

此外，还有吃某些象征性食物、搬动床铺等风俗。新娘的嫁妆中通常都有漆成红色的洗澡桶或马桶，俗称为"子孙桶"，里面一般会放进几个粽子、红鸡蛋以及枣子、花生、橘子、栗子等。有人办婚事时，男家亲朋中久婚未育的妇女会向主人家讨桶里的粽子或红鸡蛋吃，有的地方也有人要婴儿"洗三朝"用的红蛋，认为吃了这些东西就会很快怀孕生子。还有"不会生徙尿盆"的风俗，要把房中的尿桶移到床的另一头，有时还要移动床的位置，以求运气好转，早日怀孕。

二、生育保护神

民间认为成年以前的儿童，神明的庇佑必不可少，妇女儿童的保护神往往是女性神灵，如观世音菩萨、妈祖、临水夫人、注生娘娘、七娘妈等。女神以及女神信仰的存在，与妇女独特的生产和生活需要有关。与生产活动相比，女性与女神的关系更多地反映在有关生育、婚姻和抚养婴幼子女等生活问题上。大多数女神都具有保佑生育和儿童健康的功能。

1. 观音菩萨

观音相貌端庄慈祥，手持净瓶杨柳，人们认为她具有智慧和神通，普救人间疾苦。古印度佛教中，观世音菩萨像既有现男相也有现女相的。到中国南宋以后，女性的观音菩萨相已深植中国百姓心中，并和保佑生育相联系。闽南人俗称"观音妈"、"观音佛祖"。人们多在厅堂内设观音神龛，早晚敬奉。泉州安海龙山寺，始建于隋代，唐宋以来，安海龙山寺的香火便随着安平商贾的足迹传播台湾和东南亚等地，仅台湾就有二百多座同名的寺宇，据说都从安海祖寺分炉。台北艋舺龙山寺主祀观

送子观音——德化白瓷

世音菩萨，配祀天上圣母、文昌帝君、关圣帝君等诸神佛。

2. 妈祖

作为闽台民间信仰中最重要的女神，妈祖也是妇女儿童的保护神，具有助产、保赤、护幼的功能，有天妃、天后、天上圣母、娘妈等称呼。相传妈祖原名林默，出生于福建莆田，平素扶危济困，乐于助人，因救海遇难，受到人们敬仰，并立庙奉祀。泉州城南的天后宫始建于南宋庆元二年（1196年），是东南沿海现存最早、规模最大的一座妈祖庙，台湾和东南亚的许多妈祖庙都是从这里分灵的。1987年公布为全国重点文物保护单位。妈祖信仰遍布福建、广东、台湾、日本、东南亚等地，许多沿海地区均建有妈祖庙。台湾民间祀奉妈祖的寺庙有900多座，特别是近半个世纪以来增加了不少。妈祖庙宇名称不一，有天妃宫、天后宫、妈祖庙、天后寺、天后祠、圣母坛、文元堂、朝天宫、镇澜宫、安澜厅等。奉祀的妈祖，因来自大陆不同的地方而有着不同的称呼，如来自兴化军称"兴化妈"，来自泉州的称温陵（泉州旧称）妈祖，来自龙溪的称"清溪妈"，来自同安的称"银同妈"等。

安海龙山寺

3. 注生娘娘

"注生娘娘"是专掌生儿育女之事的神明，负责生命的开始、成长或凋零，主司授子、安产、良缘，以及幼儿正常发育等，因此无论孕妇、产妇或初为人母者，皆虔诚祭拜注生娘娘，以祈求生育的顺利平安。"注生娘娘"俗称为"注生妈"，又称"注骨娘娘"、"注胎娘娘"、"送子娘娘"、"送子夫人妈"等，至于"注生娘娘"的真正姓氏名讳至今仍混淆不清。有的说"注生娘娘"是陈靖姑，即"临水夫人"；有的认为陈大夫人、李三夫人、林九夫人为注生娘娘，三位一体；有说"注生娘娘"和"临水夫人"各指两位女神；有说"注生娘娘"是云霄或女娲娘娘；也有说"注生娘娘"是指赵贞娘；更有说"注生娘娘"虽指陈靖姑，但另有花公、花婆和三十六宫鸟母辅弼她，否则一人难管天下产育之事。众说纷纭，莫衷一是。"注生娘娘"即临水夫人陈靖姑的说法，较为大众所接受。临水夫人又称"顺天圣母"或"南台夫人"，是"三奶夫人"中的大妈。

"奇仕（祈嗣）妈"专管安胎妊娠、生儿育女、分娩平安、婴幼哺育。有的认为"奇仕妈"即临水夫人陈靖姑，有求子或希望顺产的都到临水夫人庙祈求，求得神案前花，则会怀孕。婆婆领媳妇去奇仕庙上供行香，"卜怀"求神，如神示应允，则取神案上的红、白纸花若干放进媳妇衣兜，并奉请奇仕香火，点上红枣灯迎回家中，祀于媳妇房中，祈生贵子。女子卧房只可以供奉奇仕妈神像。

4. 七娘妈

闽南特别崇信七娘妈。有的人认为七娘妈是天上的七颗小星，为织女的守护神，有的人说是东岳庙中的碧霞元君或注生娘娘，无子者可向其求子，有子者可求其保佑。碧霞元君全称是天仙圣母碧霞元君，"元君"是道教对女性的尊称。传说碧霞元君是东岳大帝（泰山神）的女儿，和东岳大帝一样都是山神的人格化，都源于原始崇拜中的山神崇拜。他们父女都住在泰山上，所以碧霞元君又叫"泰山娘娘"。泰字在《易经·泰卦》内表示"天地交而万物通"的意思，所以人们附会为妇女生子。又说她"岱居本位，其色惟碧，东方主生，一本乎坤元资元万物"，就是说这位女神滋生万物，主生，所以民间又把她视为"送子娘娘"。①

婴儿满周岁的时候，家人带到七娘妈庙祈愿。在娘娘神前祭拜祈求之后，将从家里带来的串了红丝线的古铜钱或香火包在娘娘的香案前熏炙后，当场挂在婴儿脖子上，祈求"长命百岁"，称为"挂絭"。此后，每年七夕的黄昏在家门前供鸡冠花、油饭（即猪肉、香菇、虾米等煮的糯米饭）、鸡

---

① 朱宁虹主编：《中华民俗风情博览·宗教信仰》，中国物资出版社2005年，第87页。

酒以及胭脂香粉等，焚烧"婆姐银"，祭拜七娘妈，然后更换系铜钱的红丝线，祈求七娘妈继续保佑赐福，称为"换絭"。如果小孩生病，要带病孩到七娘妈庙，向娘妈祈求后，掷杯珓获得恩准，将放在神像前的小绣鞋用红线串起来挂在病孩的颈项，就可以安心回家。病孩痊愈后要到庙中还愿，第二年还应加倍献还新的绣鞋。

泉州天后宫

农历七月初七日七夕相传是七娘妈的神诞，要举行祈祷活动，俗称做"七娘妈生"。据说来源于牛郎织女的传说，织女是天帝的第七个女儿，并尊称为"七娘妈"，后又把七娘妈演变为七位"娘妈"。这大概与人们把"七夕"的"七"字加以发挥附会有关。这天中午，人们要摆设好香案，放置各种供品，敬祀七娘妈。供品有"浥饭"（油咸饭）、"糖粿"（甜米团丸）、妇女化妆用品（胭脂、花粉、红髻绳、扎花等）。糖粿的做法是用糯米粉加凉水调成团，然后搓成小丸子，放在案桌上，用手掌轻轻一压，成为扁圆，最后用拇指往中间一按，即成中间下凹的糖粿了，好像酒窝，祝愿织女牛郎相会时笑容满面，并希望日后生下的孩子脸上也会有酒窝。然后把水烧开，放入糖粿、红糖，煮好之后，撒上一层花生仁，装在碗里，就做好了。供奉完毕，鸣放鞭炮，焚烧冥钞及纸桥（俗称"七娘桥"）等，送七娘妈一行返回天庭，以便今晚同牛郎相会。家中小孩则解下端午节时系在手上的"长命缕"，放入冥钞中一并焚烧，或把"长命缕"抛上屋顶。最后，家庭主妇收拾供桌上摆放的香粉、胭脂、花卉等物，也撒向屋顶，口中喊道"给檐口妈带花"。在供奉七娘妈时，有的人还准备一盏有董永抱子送仙女升天图的长圆形"七娘妈灯"，点亮挂于檐口。

泉州传说七娘妈主管妇女儿童，有送子、催生、养生、乳母、痘疹、眼光、蒙引七位娘妈，会庇佑各家各户的小孩子顺利出生及茁壮成长。所以孩子出生后的第一个七夕，拜七娘妈为干妈（俗称"契母"），称之"新契"；到十六岁那年的七夕，宣告成年，即拜辞干妈，解除契约，称"洗契"，表示脱离了这种"契母子"的关系。这两次的"七娘妈生"，最为热闹。有孩子的人家要以糖粿或寿包、米龟、碱棕、碗糕等礼物馈赠亲戚及邻居好友，要焚送冥钞、"长命缕"，还要焚送"七娘妈亭"。"七娘妈亭"仿古代"乞巧楼"，纸扎糊制，一米余高，"亭"中除七座交椅外，还有尺、剪刀等"女红"工具。有家里没孩子的也照样做"七娘妈生"，希望日后有子嗣延续。①

5. 夫人妈

夫人妈泛指民间最高的女神，如妈祖、青山妈、七宫妈、注生娘娘等。惠安东部沿海十分信仰夫人妈，并且极有特色。早年奉祀的夫人妈是保护家人特别是小孩的女神，没有神像，属鬼魂信仰。后来逐渐出现泥塑、木雕、纸扎和牌铸的小尊神像，来历多是夭折的女孩或男婴，以及遭到不幸的亲人（多为女性）。甚至家人有重病或遇险、遭难，经巫师说有前世恩怨的人在作祟，为了化仇结缘，把一些不认识的游魂或缥缈虚诞的鬼神，也予以敬祀。这些塑像都是小尊的，或称姑仔（未成年女孩）、太子（未成年的男孩）、夫人（妻子）、将军（前世或阴间的丈夫）、将娘（前世或阴间的妻子）、大人（长辈），或称伯、叔、婶和姊妹伴等。不论男女神像，统称"夫人妈"，祀于房中小龛里或放置在厅中的一角，奉为家中

夫人妈——泉州晋江石鼓庙

---

① 陈垂成主编：《泉州习俗》，福建人民出版社2004年，第140页。

的保护神。

6. 床母

床母是保佑儿童的神。床是人生之摇篮，人们敬之有加。胎儿由胎神保护，而婴儿则由床母看护和教育。婴儿出生后，就有了床母。"熏鸟母"是辅助生育的神，

床母衣

鸟母就是床母，专门照顾儿童，使他们免于惊吓、溺毙、出麻疹和生病等，保佑身心正常发育。古代祈子祭祀是在仲春燕子筑巢繁殖后代的时候，因此燕子被看做是送子神。注生娘娘身边的宫女被称做"婆祖"，婆祖就是燕子，又称为"三十六宫鸟母"。床母也是教育婴儿之神，俗称"教母"，认为婴儿在睡眠中的笑容表情都是教母教导的。

民间很敬重床母，有孩子的人家当婴儿的三朝、七朝、十四朝、满月、四月日、周岁的时候都要祭祀床母，并不是在庙宇奉祀，而是在床边奉祀。供品多为一碗油饭、一碗浇了酒的肉，还要有一碗豆腐，寓意孩子的脸要长得白嫩。供奉床母的祭品要放在床铺正中，孩子才会睡得安稳。拜床母仪式并不复杂，上香时默念"暗时好困日时好睡"，立即焚烧寿金、婆姐银，撤掉供品。以后凡遇庆典，都要再祭拜。还要用五色纸剪成床母衣，又称床母袄、七娘妈袄、婆祖衣，为3寸5分四方的纸，它并非金钱的代用品，而是衣服料，所以形式好像绸布料，大约30张为一束，且分色束之。[①] 敬床母神时要焚化床母衣，以答谢床母和七娘妈庇佑婴儿之恩。

三、胎教与生育禁忌

(一) 护胎方式

生育是人生的开端，闽南人十分重视，通常把妇女怀孕称为"有喜"、

---

① 凌志四主编，台湾人民俗编辑小组编：《台湾人民俗》（第二册：岁时节令、行业习俗），台北：桥宏书局2000年，第86页。

"来喜"、"有身"、"病子"、"病囝"等。在医疗条件落后的传统社会，整个怀孕过程不得不小心翼翼。闽南人认为自有身孕，就有胎神存在，不但要经常敬奉胎神，而且还要严格遵守一些习俗与禁忌，以免触犯胎神，保护孕妇健康和胎儿正常发育和顺产。除了祈求神明保护胎儿健康发育外，全家对孕妇更是关怀备至，特别是注重孕妇的作息和营养。

1. 补胎

妇女怀孕后要多吃有营养的食物，如鸡、猪肚、猪肝、猪蹄、桂圆、鱼虾，一般不要再干重活，要补养身体，使胎儿健壮，俗称"补胎"。妇女怀孕后常会有呕吐等反应，闽南人称为"病囝"。妇女怀孕后，通知娘家，娘家就会送橘饼等甜食过来给女儿吃，寓意"吃甜生后生（儿子）"。婆家会准备猪肚给媳妇吃，认为猪肚有助于妊娠期的保养，还会尽量让孕妇吃桂圆、鸡等，增加营养，俗谚说"一张口两人吃"、"一人吃两人补"、"补胎好过补月内"。有的要到药店买数包俗称"十三味"、"孩儿安"、"安胎饮"的中药，给孕妇安胎。也有的地方则要孕妇吃些清淡食品，怕吃得太多或太好，胎儿太大，容易难产。

2. 祈神

为了怀孕过程顺利，婴儿平安降生，怀孕妇女的婆家或娘家都会备办香烛供品到寺庙求神拜佛，特别是拜注生娘娘和临水夫人，祈求神明保佑和赐福，并许愿答谢。如果怀孕前曾经向某神明求过子，怀孕后要到该神明前答谢，并祈求继续保佑。妇女从开始怀孕到婴儿分娩，都要依赖胎神保佑母亲的健康和胎儿的健全。因此对胎神要格外小心，若是动犯了，情况严重的就要请道士或法师来安胎。道士在请神后，一面念咒语，一面将安胎符贴在孕妇门口及床上，镇压作祟孕妇的神祇。"送神"后，孕妇也心安了。在此期间，不得随便翻箱倒柜、搬动家具、修理门窗、动剪刀等，以免冲犯胎神，"胎神禁忌"便是这样产生的。

有的还要拜池头妈，又称池头夫人、血疯夫人。据说她是地藏王庙的配祀神，相传为冥府看管血池的女神，凡因难产而死者，都将沦入血池受罪，必须祈求池头夫人，才能免去死者之罪。旧时不少妇女生产，都要祈祷这位夫人，尤其遇到难产，更要祈求池头夫人，希望得到她的拯救和宽恕。在台北龙山寺所在的万华地区还传说曾有漳泉械斗之纷争，某日漳州人进击，恰好为龙山寺池边之孕妇发现而示警，才得以保全领域，其因而被杀，泉州人感念她的恩德，而祀奉为池头夫人。

（二）孕期禁忌

怀孕期间，孕妇凡事都要小心在意，有诸多不能做、不能吃的习俗和禁忌，名目众多，十分烦琐。主要有：

池头夫人——台北龙山寺

1. 民间认为，妇女怀孕后，"土神"（胎神）就在孕妇房间里保护胎儿。为了不触犯土神，不能建造、拆迁和修葺房屋。孕妇房内的家具不得搬动，忌拆床，改炉灶。家人不得在墙壁和灶上钉钉子、穿凿、捆绑、贴纸，不得将烟灰、开水倒在地上。确实需要搬动家具的也必须先用扫帚掸打，将可能躲在里面的土神赶开后再搬，以免伤了土神。不得让带孝和属虎的人进入房间，以免冲犯土神。房间里的洞不能钉钉子，也不能用手去摸，否则生下来的孩子脑门上会有像图钉一样大的斑点。

2. 禁止孕妇及其配偶参加各种公共活动。不能进入寺庙参加祭祀，至少不能吃各种祭品，否则祭祀不灵，对孕妇、胎儿也有害处。禁止孕妇到井台，不能靠近和观看工匠作业、房屋落成、新船下水、商店开张等仪式，否则会给大家带来厄运。孕妇不得抱别人的孩子，不能看人家未满月的孩子，不能摆弄瓜果，不能看人家做豆腐，否则别人的小孩会缺奶，瓜果不熟，豆腐做不成。

3. 孕妇"带喜"，所以要避免参与嫁娶等喜事，忌讳接触到喜糖、花轿、嫁妆及洞房中的东西，不和新娘行见面礼，忌坐新婚夫妇的睡床，认为这是"喜冲喜"，不但损害新人的幸福，也会累及自己和胎儿。"喜冲喜"还包括孕妇接触到别的孕妇或产妇。孕妇不得探望或进入"月内房"，不能与其他孕妇同睡一张大床，同坐一条板凳，或面对面坐，以免造成危害，或被对方

"换胎"。孕妇不能看产妇分娩。

4. 孕妇应回避丧事活动。忌讳看到丧葬行列，忌食葬仪食品，忌受丧家赠物，忌触摸丧葬用具，不能进入灵堂、坟地，即使是自家的丧事，也必须回避封钉及入土的仪式。避免"凶冲喜"，危害孕妇和胎儿。

5. 孕妇不得吵架斗嘴、出言不逊，孕妇不可愁苦惊惧，不得目睹怪状脸谱或丑陋之物，忌食雀肉饮酒。孕妇不得在房间内塞瓶口，以免胎儿七窍闭塞；不得看宰杀禽畜，以免胎儿四肢不全；忌看戏，尤其木偶戏，恐怀怪胎；不得看猴子，以免将来孩子犯"猴损"（佝偻病）；不得在夜间出门，以免犯"白虎神"。①

6. 如果妇女在一月与七月里怀胎，其家人禁忌乱挖地和修理正门；在二月和八月里怀上胎，家中忌乱挖地烧火，并禁止在庭院里存放重物；在三月和九月里怀上胎，家中忌移动米臼；在四月和十月怀上胎，家中忌在厨房里淋水；在五月和十一月怀上胎，忌修理或摆弄孕妇卧室中的东西；在六月和十二月怀上胎，忌将孕妇的衣服泡在开水里等。

7. 孕妇不准跨别人家小孩的尿布，不能穿男人的鞋子，不能坐在别人家的门槛上和扁担上，这会给别人带来厄运和衰气。不可让人从孕妇身上跨过，否则生下的小孩不会跑，也不会跳。孕妇不能跨过缚牲畜的绳索，认为猫怀胎3个月、狗4个月、羊5个月、猪6个月，马和水牛各12个月，犯忌会招致早产和晚产。另一说法是担心牲口投胎，胎儿畸形。孕妇也忌跨越秤杆，否则产期会延误至十六个月，因为过去的秤一斤是十六两。

8. 孕妇不能使用利器切割、剪裁；不可用绳子打结；快生产时，孕妇不能在床上做针线活，否则将会难产。不能以针锥钻物，否则将触犯胎神生下失明的婴儿。孕妇不得干重活，不得伸手取高处的东西，不得登高跳跃，不能大力扔东西和搬东西，也不能大声说话，更不可以动怒吵架斗嘴，否则会惊吓到肚子里的孩子，从而流产。

9. 孕妇不准走夜路，据说怕遇到鬼，生下的孩子都带有鬼气或孩子难产，或认为夜晚外面有黑虎神、白虎神拦路夺胎。同时，也不准横着睡在床

---

① 漳州市政协编：《漳州民俗风情》，海风出版社2005年，第110~111页。

上，据说这是怕造成"坦横生"的难产。也不准去看月食，否则孩子会残废。①

10. 孕妇不能用缺口的锅煮饭，把饭碗弄缺口，否则生下的孩子会缺耳、兔唇，甚至会有奇形怪状。不可以看人杀猪，否则生出来的小孩会得羊痫风（癫痫）。甚至有的还忌讳照相，怕胎儿魂灵被摄走。

莆田湄洲岛女性的妈祖发髻

11. 饮食方面，孕妇不能吃兔肉，担心生下的孩子会是兔唇（豁嘴）。也不可吃鳖，否则孩子的脖子会很短。也不可吃山羊肉，否则孩子会多病。此外，忌吃蟹，否则孩子会喜欢抓别人的手脚。有的还忌吃牛肉、狗肉、番薯、蛇肉，忌食腥辣，临产前忌食桂圆等温补食物。

总之，一旦惊扰了胎神，就会影响到胎儿，俗称"动着"，闽南语为"洞对"。不过也有补救方法，有的是请人到庙中向法师求取"安胎符"，或请法师对孕妇念咒或画符，将符贴在有状况的地方或物品上。这些禁忌中，有的没有合理性，如不能看木偶戏；不能吃兔肉、牛肉；不能跨绑着牛马的绳索；不能照相；还有"七成八败"之说，说早产儿7个月可养活，8个月即养不活等，属于无效的心理安慰，作用是消极的。但另一方面，民间的胎教多寓于禁忌的形式之下，如房间中悬挂健康可爱的婴儿图给孕妇以良好的心理暗示，要求孕妇谨守礼仪，静心休养，全家人要和睦相处，目的是要给孕妇创造一个安静、舒适的环境，并给胎儿以良好的影响。有些禁忌也一直

莆田木雕妈祖

---

① 石奕龙：《闽南乡土民俗》，福建人民出版社2007年，第146~147页。

存在和传承下来。

四、催生礼

在怀孕和孩子出生的过程中，娘家（外家）的作用极大。如果已婚女子一直没有盼来怀孕，最担心的是娘家。以前娘家怕出嫁的女儿没生育会被休被弃；现在娘家担心女儿没有生育，会被婆家怪罪，影响夫妻感情，于是总是千方百计帮助女儿。外家往往求助于注生娘娘或拜临水夫人，为女儿求子或是祈求女儿顺产，甚至以民俗流传的"栽花换斗"、"换肚"和"踏草青"等方法，希望女儿能早日"生育子嗣"。娘家于孕妇临产前，通常要准备好婴儿的衣裤、肚兜和尿布，并连同红鸡蛋、面线、阉鸡等一同送到男家，这就是所谓的"外婆催生"习俗。有的地方娘家所送的红蛋要用红绸布包裹，送到孕妇床上才解开包裹，让红蛋滚出，预示产妇像母鸡下蛋一样顺利分娩。有的亲友邻居也会送鸡蛋、线面之类催生礼。

第二节 出生后礼俗

一、坐月子

1. 出生

"十月怀胎，一朝分娩"。经过长久的期待，孩子终于来到人世，于是一系列祈求婴儿健康成长的礼俗也产生了。闽南有给初生婴儿喂黄连汤的习俗，认为可以消除婴儿从娘胎里带来的火气，开胃口。产妇在生产后一个月内，要留在自己的房间里精心调养，不能外出，俗称"坐月子"、"做月里"、"做月内"。一般家庭都会特别细心照顾产妇这段时间的生活起居，认为如果月子里产妇体力没有复原，会带来一辈子的病痛；要是患病，则要等到下一次分娩再坐月子时才能治愈病根；有的地方还认为若在月子里死亡，会入阴府地狱受浸血池之苦，要等孩子成人后做佛事，念"血盆经"后才能超脱。

产妇生产，闽南人俗称"顺月"。过去妇女必须在婆家生产，不能在娘家生孩子。认为生产是喜事，家中借人生产，福气就分掉了一分，也是把家里应有的人丁带走；而死亡是祸事，借人死，家中的灾祸就会减少一分。民间有"寄死不寄生"（"借死不借生"）的俗语，意思是宁可将房屋借给外人办丧事，也不借人生孩子。出嫁的女儿也不能在娘家生孩子，怕风水被外孙带走。一些地方的破解不吉之法就是将所生的婴儿抱来过秤。在台湾，如果万不得已在娘家生产，女儿也要付给相当于"厝税"的谢礼，叫"收厝税"。此外，生孩子也不能在大厅与内厅里生，只能在年轻夫妇的房间里生。

婴儿摇篮、竹椅

过去妇女生产，要请产婆（俗称"拾子婆"、"拾姐"或"先生妈"）来接生。遇到难产，要摔盆、打碗、敲铜盆，预示产门大开，分娩顺利。临产时，家中的橱柜门和抽屉等要全部打开，以利于婴儿娩出。产房里除了产婆之外，任何人都不得进入，产妇的丈夫、公婆也只能守候在产房门口，以免冲犯胎气，危害产妇和胎儿，而且认为产妇的血污晦气也不吉利。婴儿出生后，产妇家要送产婆红包作为酬金。还要在窗台上或床上放一根桃枝，在产房门上贴一张道士画的符咒。有的则在产房门口插上茉莉花、榕树叶或石榴花枝，一方面可以辟邪，保证产房清净；另一方面也表明该房间是"月内房"，提醒外人不得进入。生下孩子后，一定要埋藏好孩子的胎衣，如果被人拿走或被动物所食，婴儿就会遭到不幸。有的地方，如果生男孩，胎衣要深埋在厨房的门槛前；如果生女孩，胎衣则深埋在厨房门后面的角落里；意思是落叶归根。

2. 产妇禁忌

在"做月内"期间，产妇要在房中卧床静养，食用有营养的食品以恢复体力。由于这时候产妇身体虚弱，新生儿也比较幼小，容易受到外界疾病传染，因此待在室内休养有利于产妇和婴儿的健康。坐月子也有不少禁忌，产妇的卧室叫"月内房"，必须终日紧闭门窗，用窗帘遮住太阳光，以免强光线刺激产妇的眼睛，也避免产妇罹患"月内风"（痛风）。即使在炎热的夏季，也要盖棉被，不能打扇子，以免被风寒所侵。产妇除了哺育婴儿，只能躺在床上静养，不准下地，饮食起居均由家人照料。产妇不能站，不能干活，以免日后腰酸骨头疼；不能做针线活，让眼睛受累。不得出房间，尤其是阴天或晚上。若出门必须戴斗笠或打雨伞，不让头见天。产妇不能接触冷水，只能用开水放凉后盥洗，以免"沾着水气"；也不得洗澡，最多只能以热水擦身；不能洗头，以免日后患头风（头痛症）。忌外人进入产房，尤其是属虎的和有喜丧事的人，以免冲犯婴儿；婴儿出生未满月，忌见生人和出门，恐触邪；产妇不能进入寺庙烧香拜佛，恐亵渎神明，如有事祈神明应请家人到寺庙内代为祈祷。产妇不可以大声说笑，不能在大庭广众之下给孩子喂奶。

与孕妇一样，产妇在坐月子期间（俗称"做月内"），饮食十分讲究，多吃高热量、高蛋白的食物，注意养气补血，以便尽快恢复体力，保证奶水充足。产妇要继续吃补品"压腹"，吃温补的食品以驱风祛寒补血，促进子宫收缩，并促进乳汁的分泌。滋补品有鸡、猪蹄、猪肝、猪腰、老姜、麻油、红糖、面线、人参或高丽参、"鸡酒"（家酿米酒）等，常常喝红枣党参汤、龙眼干汤。若产妇无奶水，则用猪蹄、木瓜、带鱼鳞的鲫鱼等食物催奶。产妇每天三餐三点心或三餐四点心，趁热进食。做月内尤其重视吃鸡，家里经济条件好的产妇几乎每天吃一只鸡，鸡常用麻油和米酒、老姜、红糖炖煮。不过产妇不能吃性寒的、生冷的食物，如萝卜、白菜、苦瓜等蔬菜（芥菜除外），甘蔗、西瓜等水果，还有鸭子。少吃盐，因为俗话说"盐能生风"。而且吃鸡时，不能吃鸡头、鸡爪、鸡翅膀和鸡屁股，据说吃了这些后，孩子长大就不会讲话、写字，会翘嘴巴。产妇也不能吃羊肉、牛肉、螃蟹、泥螺等，认为这些食品都有毒性，会发，吃了容易生病，吃羊肉还会让小孩长大发羊痫风。

闽南人还有很多忌讳，认为"月内房"是污秽的，产妇身体是不洁的，所以产妇在此期间，不得参加祭祀活动和到别人家串门，以免污秽神明和触别人的霉头。除了至亲内眷，男客人从不进产房，产妇在坐月子期间主要由婆婆、嫂嫂来服侍，公公也不进产房。一般外人也要避免进入，特别是孕妇、带孝者及属相与婴儿相冲克的人不得进入房间探视，以免"喜冲喜"或"凶冲喜"。进过产房的人，也不能参加祭祀仪式。在惠安，若渔民在产妇生产和坐月子期间进过产房，就不能参加捕鱼

答谢注生娘娘——台北龙山寺

活动。否则当出海捕鱼没有收获时，渔船上的同伴会怪罪他，必须做一定的禳解仪式来化解。有的地方产妇的家人从外面回家，必须先到厕所里转一下，摆脱可能跟随的不洁之物，才可以进家门。小孩的尿布不能放在门外晒，据说这样会得罪天神。产妇洗净的衣裤不得当路高挂，以免从下面经过的人沾上晦气。

3. 报生

婴儿出生后，不论男女，男家都要派人向产妇的娘家和亲友们报喜，俗称"报生"，并送上煮熟染红的红鸡蛋或鸡酒、礼饼等，一般生男孩送单数，生女孩送双数。如果是头胎，孩子的父亲要送糯米酒到外家，同时还要送上猪肉、鱼、红丸子等。外家和亲友们也需要回送礼品，一般是小孩的衣裤和阉鸡。如果生的是男孩，庆祝仪式特别隆重。当天男家家长要杀鸡炖酒，到祖祠或公厅以及村庙等地上香、放鞭炮，拜告祖先、神明，保佑母子平安。另外用红纸写上"弄璋志喜"等字，贴于家门口或廊柱上。要给娘家送礼饼、油饭、鸡酒（用老姜、麻油、红糖、龙眼干、公鸡和酒焖成）报喜，俗谓"报酒"。外家则回送各种丰厚的礼物，包括补品，如送一笼活鸡（4只、8只或12只）、一笼木炭、一坛酒和一包婴儿衣服四样，有的加上蛋、鱼、猪肉、红糖、面线和几尺用于作尿垫的土布等，凑成8样或12样，以示庆贺，并让产妇补养身体。亲朋邻居也多送礼祝贺，如鸡酒、面线、鸡蛋、瘦肉、猪肝、猪腰、麻油等为产妇进补。如果生的是女婴，则一般不会鸣炮，也没有大的庆祝，娘家送的礼物也较少，有的仅送一只猪肚，寓意给女儿"换

肚"，希望下一胎能生男婴。有的还不送线面，担心以后一直生女孩。甚至生了女婴的产妇丈夫在一个月内不得上别人家串门，说会给别人带去晦气。有的地方则在产后第三天，才到外家和亲戚朋友家报喜。有的还要到庙里还愿。台湾许多庙宇现在不用烟烛鞭炮，改用鲜花，环保卫生，表达的心意是一样的。

二、做"三朝"

婴儿出生的第三天（或第五天），要举行"做三朝"仪式，为婴儿正式洗澡。"三朝"又称为"三旦"、"三诞"。一大早，要准备一些油饭、鸡酒或简单的菜肴祭拜祖先。如果用三牲祭祀，鸡脚不能折入鸡腹内，象征婴儿的腿脚有力气。然后由孩子的祖母或女性长辈给孩子洗澡。先把开水倒进澡盆里，放入一些桂花（象征富贵）、柑橘叶（象征吉祥和子孙满堂）、龙眼叶（象征福气和子孙满堂）、石榴花、一块或三块小石头（象征胆大）、十二枚铜钱（象征财富），以及两个煮熟的红鸡蛋。有的是用茅草、蕨叶、竹叶等煮沸水。等水温合适后，就可以给孩子洗澡了，一边洗一边说吉祥话。洗完后，还要用红鸡蛋在孩子的身上滚一下，希望孩子聪明健康。有的地方要把石头在婴儿的胸前轻轻碰一下，称为"做胆"，如果是女婴则不放石头。给婴儿洗"三朝"，认为可洗去从"前世"带来的污垢晦气，使婴儿今生平安吉利。婴儿洗好后擦干身子，换上外婆送来的新衣，并由长辈抱上厅堂拜祖先神明。有的要给袖口扎上红纱绳，认为缚了手，日后手才不会"贱"，即不会好动不安分，随便拿东西。所有仪式完成后，将红鸡蛋整个或切成橘瓣状分送给本家和邻居孩子们吃，表示与他们友好相处。洗三朝时，家长还要备牲醴拜祭注生娘娘和"床公床婆"、婆姐等照护婴儿的神灵，求其保佑婴儿健康成长。尤其要拜"床母"，认为床母日夜守护床边，保佑孩子平安无事。

有的地方在男婴生下三天时，除了洗三朝外，还要请长辈与接生婆吃"三朝酒"，即古时的"汤饼宴"。有的还要做糯米油香饭敬祀床母、七娘妈等妇幼保护神，并分送娘家亲友和四邻。亲友接到油饭，也要"送三朝"，一般是白米上置一小圆石，下垫一张小红纸。有的还礼是一双鸡蛋，外加用

台湾婴儿佩挂的银锁片

红纸包好的两个小石子,既表示贺喜,也祝愿婴儿"头壳硬,好养饲",即祝愿婴儿身体结实、好喂养。有的送"马蹄饼"(又称"红香饼")和婴儿的衣裳,有的也会送红包或其他礼物祝贺。

有的地方在婴儿出生后的第六日、第十二日也做祭祀床母的活动。还要请亲戚朋友来"吃鸡酒",称"做十二朝",其酒宴规模要比"做三朝"时更大。赴宴的亲友也会送礼祝贺。夫家给外家送鸡酒,外家回送12色"贺生礼",孩子的舅舅们回送活鸡和酒。有的是在出生后第7天和第14天,都同样祀神并宴请亲戚、邻居。夫家要备酒菜款待来探视送礼的人,并回赠礼物。

三、做满月

孩子出生满一个月称"满月",又称"弥月",古称"汤饼会"。产妇经过一个月的调养,身体得到恢复,婴儿也比较大了,可以出房见天,举行满月的庆祝仪式。有的人家选择产后24日做满月,据说这是取"二十四孝"的寓意。在婴儿满月时,要给婴儿剃去胎发,称"满月剃头"或"剃满月头",它是满月仪式的一项重要内容。以往人们认为胎发来自母体,带有"血污",剃掉胎发,可以除掉秽气,也是希望以后婴儿头发生长旺盛。剃发也有一定的程序。先煮好染红的鸡蛋或鸭蛋,要双数,一般12个。再准备好一盆洗头的水,水中放小石子1个、3个或12个,铜钱12枚或16枚,一两根葱以及刚才煮好的12个红蛋,一起煮沸,放凉后给婴儿洗头。水里放石子与铜钱是预祝婴儿健康及将来有财运。剃发前,要用蛋黄与捣烂的葱汁混合成糊状,涂抹在婴儿的头上,据说葱汁有消毒的功效,加上蛋黄可以润滑头皮,而且预祝孩子聪明能干。祖母或外祖母抱着婴儿坐在内厅里,自己动手或请剃头师傅动手给婴儿剃发。剃发时,要念吉祥的语句,如"鸡卵面,鸭卵身,好亲戚,来相配"。"鸭卵身,鸡卵面;剃头莫变面,娶某(闽南语:对象)好做亲"等,祝愿孩子顺利成长,找到一门好亲事。剃发后,要用红蛋在婴儿的头上轻轻滚三次,意为"戴红顶",预祝孩子将来做大官。有的并不全部剃光婴儿的胎发,而把囟门周围的胎发留着,称作囟毛或护脑发,可以保护婴儿头顶骨未合缝的地方。后脑靠近颈间也蓄一簇头发,以护后脑。台湾也有类似习俗,婴儿出生十二日或满月,放开水并放小石一颗、镍币十二枚、鸡蛋一个、葱少许,然后将葱揉碎,以葱汁和蛋黄涂在婴儿头发上开始剃发。小石是为使头颅硬得快,镍币则日后可大富大贵,葱汁可使头发浓黑,除却胎垢。剃下的头发俗称"胎发",有的装在盒子里或搓成一个胎发球挂在床头收藏起来,因为民间土方中,用胎发止血据说很有效;有的则将胎发和石子用红纸包起来,放在屋顶上;有的用红纸包起来藏好,置于婴儿的摇篮内,认为可保护婴儿健康平安。有的读书人家还会请毛笔店将胎发制成毛笔,称为"胎毛笔",加以收藏。这种做胎发笔的习俗一直延续至今。

还要分送亲友邻居"龟粿粽"(百寿龟、碗糕、碱粽),外加荆芥煮的蛋;送外婆家除"龟粿粽"外,还有"五牲"(鸡、猪脚、鱼、猪心肺、鸡卷)和寿面。为了让婴孩见见世面,有的家长还把刚剃过"满月头"的婴孩,抱到村中或街上走一走。满月这一天,婴儿就可以独立睡摇篮,在摇篮曲中带着亲人的祝愿甜美入睡:"捂捂摇,捂捂困,婴仔乖乖困,一暝大一寸。摇啊摇,婴仔摇,狗仔乖幺幺,一暝大一尺。"

小孩满月剃发后,有的地方还要给孩子进行"喊鹈鹕(老鹰)"的祈福仪式。首先给孩子换上新的衣裤、袜子、帽子(虎头帽),挂上银手环、银脚环、长命锁等辟邪物。然后母亲或祖母等女性长辈抱着婴儿在内厅里拜神,在大门口放鞭炮。接着,长辈抱着孩子或由兄姐背着,在大门口走两圈,或绕着房子走一圈。走的时候,拿着赶鸡用的竹竿("鸡棰")不停敲打地面,发出"笃、笃、笃"

童帽

的响声,并高声呼喊"鹁鹞"(老鹰)(泉州德化称为"叶婆"),称"赶鹁鹞"。同时也说一些吉祥如意的喜句预祝婴儿将来:"鸥鸰飞上上,囡仔紧(快)做官,鸥鸰飞高高,囡仔中状元;鸥鸰飞低低,囡仔做老爸"或"鸥鸰飞高高,生子生孙中状元;鸥鸰飞低低,囡仔较快做老爸"。台湾则喊:"肉鸢肉鸢飞上山,囝仔快做官。肉鸢飞高高,囝仔中状元。肉鸢飞低低,囝仔快做爸。"如果是女孩,只念"肉鸢、肉鸢"而已。① 从歌谣的字句可见对儿子、女儿的期望有差别。这样也是给婴儿壮胆,同时表示从满月这天起,小孩就可以出产房见天,临事不惧,像老鹰一

婴儿衫

样飞翔,像老鹰一样有胆识。有的还要准备两根一米长的茅草,用红纸包着茅草根部,一根放在门槛后,一根放在孩子身上,以辟邪。喊完鸥鸰后,给围观的孩子每人分送一个鸡蛋,让他们也分享婴儿过了满月关口的喜悦。有的地方男婴从家中小门出去,再由大门回来;女婴则从大门出去,由小门进来。有的要在澡盆里放两片柚叶和蛋壳,把婴儿用过的洗澡水浇在大树根上,让孩子用外婆家送的衣饰穿戴一新。

满月那天要备鸡酒、油饭等祭祀神佛、祖先,娘家要送来满月贺礼,还要设宴请客,请亲朋好友吃"满月酒"。宴席进行到中途时,主人将婴儿抱出见亲友,赴宴的客人要送红包作为见面礼或"见辈钱",有的送衣物、铃铛、项圈、手镯、玩具等礼物。这天要做红蛋、红桃(红色桃型馒头,以花生砂糖为馅)和糖圆子赠送亲友和四邻,受赠者要回送一碗大米或红包祝贺。娘家会"送头尾"来"做满月"。"头尾"是指婴儿从头到脚要穿戴的全部衣物和饰品,包括帽子(兔子帽、虎仔帽、狮帽);银质的项圈("磬牌仔")、金质或银质的手镯、脚镯、项链;背带或围被、和尚衫(系带婴儿偏

---

① 片冈岩著,陈金田、冯作民译:《台湾风俗志》,台北:大立出版社1986年,第6页。

襟衫)、开裆裤、袜子,还有红圆、红桃、红龟粿等食品贺喜。如果生的是男孩,满月酒就会办得非常隆重,以庆祝男婴顺利渡过满月关,"弥月帖"上写"谨于农历某月某日,为小儿弥月略备茶食,恭请某某光临",请亲戚邻居来赴宴,以示郑重其事。如果生的是女孩,一般都不办酒席,自家人或者请几个女方亲戚一起吃顿饭,简单庆祝。满月后,产妇可以带孩子回娘家走一趟。婴儿出门必须以格子布做成的"花帕"包裹,以防鬼魅伤害。返回时,娘家须准备甜"米糕"让女儿带回婆家,如果是生男孩还要加上一对甘蔗和一对鸡。

满月还要给孩子举行开斋的仪式,意为此后孩子就可以吃荤了。开斋时,用干净的托盘把开斋用的食物端上来,主要有红龟粿、红桃、葱、酒、豆腐、红米圆、鸡肉、鱼肉、猪肉等。红龟粿寓意龟寿延年,红桃代替蟠桃,亦有为婴儿祝寿之意;葱寓意聪明智慧;酒寓意酒饭平常,快快长大;豆腐寓意名扬天下;红鲤鱼跳龙门,步步高升;肉与米圆寓意一家团圆,过上幸福日子;鸡寓意自力更生,方能为人上人;鱼寓意身体健康,长命百岁。开斋时,由祖父或父亲抱着孩子,用筷子点一下食物,再点一下孩子的嘴唇,并说好话。如点一下葱说:"聪明智慧";点一下鱼说:"鲤鱼跳龙门";点一下肉说:"有食有肉";点一下鸡说:"金鸡报晓";点一下豆腐说:"大富大贵";最后在食物上转一圈,再点一下孩子的嘴唇说:"五福俱全"等,一一点完、说完才结束开斋仪式。开完斋,酒席上的宾客要送俗称"见辈钱"的红包给孩子,钱的数量随个人喜好和收入而定。然后,祖父或父亲还要念几句祝辞,如"一手过一手,寿年得九十九",祝福后,才让孩子母亲把小孩抱回房去。①

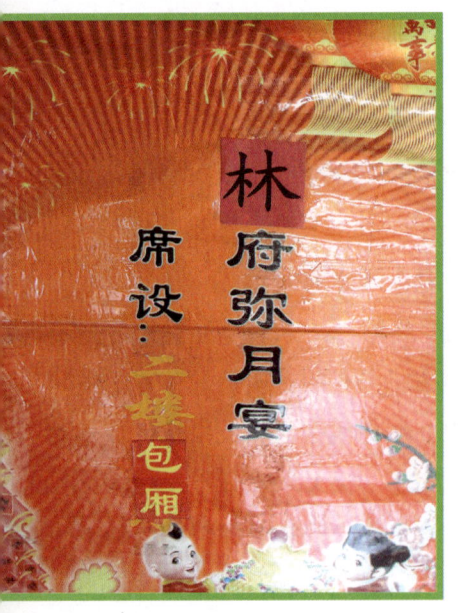

满月酒设在酒店

---

① 石奕龙:《闽南乡土民俗》,福建人民出版社2007年,第154页。

四、做四个月

婴儿满四个月时，身体渐壮，并在牙牙学语，也要再添购一些衣服，所以又有"做四月日"的仪式。祀神、宴客、送礼等习俗和满月差不多。家里要准备牲礼、红桃、红龟、酥饼向神佛、祖先供奉。娘家要送来"头尾"，男家有的还办酒宴，答谢亲朋好友的送礼，庆祝孩子"过关"。祭神后则给婴儿做"收涎"仪式。用红线串起两个大饼或12个小饼，挂在婴儿胸前，请长辈拿一块，在婴儿嘴边擦拭一下，一边念吉祥语，如"收涎收干干，给汝老母后胎生卵孵"，"收涎收离离，明年招小弟"等。象征婴儿今后不会再流口水，顺利成长，并再添弟弟。也有的将饼放在婴儿的嘴上，等蘸上婴儿的口水后，再拿到锅里炒干，象征收涎的目的。此时婴儿已开始长乳牙，经常流口水，婴儿的姑母会送来缝制精致美观的"涎围兜"，给婴儿围在胸前。

家中仪式做完后，母亲抱着婴儿回娘家，男家准备礼饼、熟鸡、熟猪脚等八色礼品带去娘家。娘家要以男家送来的礼品祭祀神明，并做俗称"四月日圆"的糯米红圆等送亲友，告知家中添了外孙。外婆还要抱婴儿到户外游玩、过桥，发出赶老鹰的声音，谓之"做胆"。女儿返回婆家时，娘家要做桃、粿、圆子等让女儿作"伴手"礼带回，并回赠婴儿衣服、鞋帽、围嘴、襁褓巾、花帕、连裆裤、银牌、银脚环和鸡五尖、猪蹄趾、米花糖、石榴花等礼品。从此婴儿可以穿连裆裤，否则会妨碍两足发育。

围兜

有的地方是在这天给婴儿简单做一个"开斋"的仪式，拿一点肉和蛋，在婴儿的嘴唇上接触一下，表示小孩从此可吃各种大人吃的食物，并且能吃快长。有的还要用香菇再擦一下，意为香嘴。有的地方，还要用红头绳、红绒线或稻草在婴儿手脚腕部各系一圈，称为"缚脚手"，表示小孩以后不会好动惹事，不偷不盗。然后以熟蛋在婴儿的前额和脸颊上滚几下，一边念道："辗（滚）面，辗面，辗一个鸡卵面"，祝愿婴儿的脸形长得像鸡蛋一样。这一天，婴儿第一次坐到"椅轿"（竹、木制成的有围护扶手的婴儿坐椅或小推车）里，祝愿孩子快快成长，早日可以"离手"，无须父母过多照看。① 有的还要用黑锅灰点涂婴儿的腮帮，又以朱砂粉点涂婴孩额头，俗称"点龟、点桃"，意在使婴儿日后健康长寿，成才成器。有的地方要第二次给婴儿剃发，连眉毛也要剃光，说这样才不会"遮眼光"，长大才不会贪心。

婴儿坐的椅轿

五、做周岁

婴儿周岁，俗称"度晬"（晬，闽南语zè）、"做晬"，因为是人生的首次生日，闽南人对此很重视，礼仪比满月、"四月日"隆重。当天，家里要做红龟粿、办牲醴敬神，并以红龟粿和染红蛋壳的熟鸡蛋馈送亲友四邻，有的还要设宴请客，甚至请戏班来演唱助兴。外婆家送来线面、衣帽鞋袜、披风、童被、布料，以及金银饰品如八卦项链、长命锁（意在锁住小孩子不让其受灾受难，永葆长命）和手镯、脚环等，还要送一只公鸡为婴儿"接脚"，以促其学步，回礼和满月时一样。亲邻也会送礼祝贺。婴儿通常在周岁前后开始学步，这天要给婴孩穿上虎头鞋，这样可以为其壮胆、辟邪，消灾趋吉，并能学会走路。有的地方这天要到庙中祭拜女神，然后将从家里带来的串了红线的古铜钱或香火包在香炉上过一过火，系在婴儿脖子上，以保佑其长命百岁。之后每年七夕的黄昏，在家门口供鸡冠花、油饭、鸡酒、胭脂、香粉等，焚烧"婆姐银"，祭拜七娘妈，然后更换系铜钱的红丝线，祈求七娘妈继续保佑赐福，直到孩子十六岁。

一般人家都会举行"抓周"仪式，俗称"脞（脞，闽南话só）龟"、"试晬"、"度晬"。首先祭祀神灵和祖先，把一个放置有笔、书、印、算盘、尺子、银子、秤子、田土、斧子、猪肉、葱、芹菜、剪刀、糖果、玩具等（一般是12种）的竹"爬篮"（笆篮，即大竹筛）供在神灵面前，祭祀后取

---

① 漳州市政协编：《漳州民俗风情》，海风出版社2005年，第115页。

下放在床上或厅堂八仙桌上。婴儿沐浴后穿上新衣鞋袜，坐在爬篮中间，然后观察孩子首先抓取哪样物品，亲友围观。以此试试孩子的选择，判断其聪明愚劣的性格，预卜成年后从事的职业和前途。若抓取书籍、笔墨，预示孩子以后会喜爱文墨，好学、金榜题名；拿印子，预示孩子以后能当官；选尺子，预示以后会当裁缝或工匠；选算盘、秤子，预示以后会经商；选金钱，预示以后会成为富人；选田土，预示以后会当地主；选葱，预示资质聪明；选芹菜，预示以后勤勉做事；选猪肉，预示以后有食禄。有的也会放蒜、糕饼、粉盒等，其中蒜头表示善于算计，糕饼表示有的吃或贪食，粉盒则表示孩子喜欢往脂粉堆里钻。若是女孩，则换成脂粉、针线、秤、尺等。在台湾也是一样，这天亲戚故旧送书画、笔墨、纸等12种礼品。带小孩到厅堂拜祖先，然后准备笔、墨、书画、鸡肉、鸡腿、猪肉、算盘、秤、银、葱、田土、包布12种东西，放在米筛内让小孩任意拿一种。有的人会设盛大的筵席招待亲戚故旧。①

外家送来的银项链和银手镯

泉州又把这种仪式称为"假脚"。在圆形竹箩内放一个红龟粿，又放一张竹椅在中央，椅子上放一块红龟粿（即假脚）上，然后一样进行抓周。在闽南文化中，龟是一种神灵之物，象征长寿，认为食红龟粿可以延年益寿，获得平安。农历三月二十三为妈祖诞辰，泉州天后宫在祭祀的供品中有一种颇具特色的"鳌山"（俗称"米龟"，即米粿），分"大龟"、"二龟"、"三龟"。卜得"鳌山"者视为有福气，第二年妈祖诞辰要敬还。在儿童满月、满四月日、满周岁时都备红龟粿祭拜神明，再分赠亲友，以表示庆贺婴儿顺利成长

石龟——崇武海边

① 片冈岩著，陈金田、冯作民译：《台湾风俗志》，台北：大立出版社，第7页。

之意。而让孩子脚踩红龟粿，是希望孩子寿命如同龟寿一样长久。

六、命名

传统时期，人们认为名字与命运相关，为子女取大名是一件大事。婴儿的命名多在三朝、满月、四个月、周岁等时候进行，通常是由家中长辈或地方上有一定名望、有学问的人起名，有的则请阴阳先生取个吉利的名字。有的为孩子拟出几个名字，在祖先神位前以卜杯珓的方式定名。有的人除了入学前取好的大名（正名或书名）外，还有出世不久取的乳名（奶名、小名）。大名从读书开始在正式场合使用，乳名则被家中的亲戚或小时候的同伴称呼。以前要在男孩行冠礼的仪式上，请贵宾为孩子加冠取字，成人之后取号，有的还有几个号。男孩取名后，家长将名字书于红纸，贴在正厅的壁上，并到祖祠烧香敬告祖先。

比较流行的命名方式有以下几种：

（1）五行命名：小孩出生后不久，父母一般都会请算命先生来预测婴儿的命运，俗称"看命"（算命），看孩子的生辰八字（年、月、日、时）好不好。如果女孩出生时辰不好，即命理不好，家长就会要求为她造一个好的"八字"，避免将来提亲时的麻烦。而对男孩，算命先生通常是掐算阴阳五行，如果"八字"中缺少五行中的某一行，就在命名时以所缺五行的字或带其偏旁的字起名，以弥补其命理的不足。五行缺金，可取名剑锋、文鑫等；五行缺木，可用木或森、林等"木"字旁的字，如国栋、国梁等；五行缺水，可用水或以"水"为偏旁的字，如浩洋、东海等；五行缺火，可用"火"字旁的字，如根火、炳炎等；五行缺土，取名有土生、旺土等。

（2）庇佑命名：如果曾向某位神灵求子而得子，要还愿感谢神灵的恩赐，有的给神灵做契子（干儿子），用某神佛的名字为孩子取一个小名或乳名。如给保生大帝当契子就可以称做阿保、保生，即保生大帝所赐而生之意；给观音菩萨当契女称观音妹；给妈祖、七娘妈当契子称妈生、妈宝；给榕树公当契子称阿榕哥或榕生，即榕树公所赐之意；天送、天赐、天养、神保为老天所赐、所送之意。人们认为，这样取名还能得到神灵的保佑，使孩子在成长过程中避免多灾多难，顺利成长。

（3）厌胜命名：有的人家因过去生育过子女却没能活下来，或小孩生下来多病难养，或经算命先生算命认为该婴儿命运不佳，就故意给孩子取比较"下贱"、"臭贱"的乳名，如"乞食"、"狗屎"、"石头"之类，让邪魔讨厌，不去纠缠婴儿，从而使婴儿避开厄运，能够"好育饲"，平安成人。厌胜命名时，男女也有所不同，男童多以动物和废物为名，如阿狗、狗仔、猫仔、大猪、猪仔等，有的还故意叫成"妹啊"。女孩多以花鸟草木来命名，如春花、阿桃、秋菊等。此外，对女孩还经常取一些如招弟（期望生男孩）、满仔（女孩够了不要再来）、惜仔、惋惜（可惜是女孩）等名字，希望给家里带来男孩。

还有的根据婴儿形貌特征起名，如"和尚（头发稀少）"、"无毛（头发稀少）"等。以这种方式起的名字多为乳名，只在幼时使用，但叫惯了，有的就成了正式的名字。

（4）世序命名：家族的先祖为在排辈上做到系统有序，支系分明，就制定出一套"传世宗旨四字格言"（命名诗），一般有12个字、16个字、20个字的，子孙世代每一代用一个字，用完后再续。命名时第一字为既定的辈分序号，后再添加一字连缀成名。不管人口繁衍多少，通过名字不仅可以显示家族成员的辈分，还可表示一个家族成员之间的关系。

（5）寄意命名：闽南人尽管小名字眼比较"臭贱"，但若是读书、报户口用的正名，则取得既响亮又有意义，而且往往根据父母的某种意愿来命名，如鹏飞、淑慧等，而跃进、卫东、向红、红梅、学军等名字，则带有明显的时代痕迹。取正名一般要由家中辈分高的老者或有学问的先生取名，有的要嵌进小孩的五行和属相。20世纪80年代一度盛行单名，造成大姓的重名现象，现在多主张取双字名。

台湾的婴儿取名习俗大都和闽南相同，仅有些微差别。主要有几种命名的方式：①因梦境命名：婴儿出生前，父母用偶然在梦中所见的事物加以取名，如蒋梦熊即一实例。②因景色命名：如在船中诞生的孩子，取名"乘风"，寓意乘风破万里浪的无限前程。③因托神命名：产妇在怀孕期间祈祷神佑护而能生产安全，所生婴儿，即以"天赐""神功"名之。④因厌胜命名：许多初生婴儿，因身体虚弱或家口人丁不旺，所以题用极丑陋的名字，取其野贱易生，希望妖魔勿夺去。例如，阿狗、阿呆等。⑤因补缺命名：算命者常言五行是人生命中不可缺少的要素，如有缺陷，则必须予以补正。例如，缺金即名金来、缺火即名火旺。其中一些名字甚为不雅，现在一般父母取名已渐摒弃，而取一些有意义或优美的名字，未尝不是一个好的改进。①取名字反映了对男孩和女孩的不同期待，如女孩子叫淑，男孩子叫强。实际上就是一种性别塑造。

七、过继

请人算命后，有的小孩生辰八字不好，命中犯"关"带"煞"；或者生下来就是多病难养；或者生辰八字与父母相克，命中注定会给家人带来厄运；闽南人认为，这种孩子"不契不成人"，就要考虑将其过继给其他人或神明，有的还要拜古树为义父（五行缺木者），称为"拜契"或"认爹娘"，以期能平安抚养成人。

过继给他人也称"契人"或"认契父母"。这种过继，一般找熟人，如兄弟、亲戚、朋友等，八字相合则更好。有的富贵之家为求婴儿顺利成长，也会认贫困多子女的亲朋邻里为干爹娘，希望孩子不会那么"娇贵"，顺利成长。有的甚至找乞丐（品行端正并有家属者）作干爹娘，取其"臭贱"易养活之意。过继时，选一个好日子，父母领着子女，带上礼物到受继人家里举行仪式。契父（契爹、干爹）或契妈（干妈）会为契子取一个乳名，并送给孩子木饭碗、木匙、筷子、长命锁，还有衣服、鞋袜、帽子、围嘴、肚兜等生活用品。让小孩用这些碗筷吃饭，意思是这孩子已是他家的孩子，吃他家的饭，和其亲生父母不相干了。如果干爹娘是乞丐，所送礼物主要是一个草编的小型"加志"，它是乞丐行乞时用来装碗筷或装乞讨来的钱物的草袋，给孩子挂上，意为"贱命少病"，还可以辟邪。此后，借着契爹、契妈的福气，就可以健康长寿。以后逢年过节，孩子家要向干父母送礼，契爹契妈也

---

① 钟香吟：《台湾婴儿命名》，载《台南文化》（台湾历史风物丛考辑录），新三期，1977年7月1日，第155页。

要给孩子送糖果、衣服等，一直到孩子十六岁成年。不过这种过继是没有财产继承权的，只是在契爹契妈家挂个名而已，但当契爹或契妈过世时，契子女也要去当孝子、孝女。有的地方认干父母时，亲生父母要备牲醴到干父母家祭拜祖先。干父母送干子女龙眼及其他牲醴，亲生父母将其供在家中的祖先神明之前，焚香烧金帛膜拜，报告结为干亲的事情。[1] 如果孩子生辰八字与父母不合，虽然认了干亲，有的为显得真有其事，婴儿长大后不能直呼父母，而必须改称，叫父亲为"伯"、"叔"、叫母亲为"姆"、"婶"，甚至直接叫父母的名字，称呼疏远一点，以求平安一生。

过继给他人往往比较麻烦，而且民间也有契子会将契父母家风水抽走一些的忧虑，因此，大多数人家是到寺庙许愿给菩萨作干儿子，即把孩子过继给神明，这称为"契神"，这种现象比较普遍，甚至有"无契不成人"的俗语。过继给神明的仪式比较简单，除了玉皇大帝，什么样的神明都可以。过继时，择定吉日，准备三牲、水果、香烛、鞭炮等，来到神明面前祈祷，说：我是某某（某地）人，因孩子身体不好，要拜你为契爹或契妈，请神应允。然后问神意，如应允，则献上一块红布，给神灵挂红，有的还写上一张契约，贴在庙里，就完成了"契神"的仪式。有的拜完后，会把神明香炉中的香灰抓一点放在红布袋里，挂在小孩脖子上，以后每逢年节和神灵生日都要前往焚香祭拜，有的也需要换香火，直至小

童鞋

孩长到十六岁做"洗契"仪式为止。有的地方，每年的除夕夜，被过继的孩子还得到庙里睡一会儿，与契爹或契妈亲近。在台湾，人们习惯以所在地奉祀的主要神祇为对象，如台北万华区霞海城隍庙附近的民众会让子女拜城隍爷为契父；台南市武庙附近的民众子女则拜关帝为契父；居住在云林县北港朝天宫附近的则以妈祖为契母。

---

[1] 漳州市政协编：《漳州民俗风情》，海风出版社2005年，第118页。

在晋江石鼓庙墙上就有七八张还愿答谢，认神明为契父母的红纸。如：

立契书人福建省泉州府晋江市……弟子于农历己卯年十二月初七吉时生下一男孩，取名……因夫妻相谊，愿契青阳石鼓庙大夫人妈殿前为议子，祈求神明庇佑小孩根枝坚固，四时无灾，出入平安，功名成器，八节有庆，长大成人后必备香花酒礼到殿前叩答神恩。立契书人……叩。太岁丙戌年十月十五日吉时叩谢。

答谢神灵保佑儿童

民间还喜欢拜契动物神和植物神。动物神如虎爷和狗神，它们都属于杂神，因为原形较为迅猛，人们希望借助它们的力量，驱赶纠缠孩子的邪魔。而那些枝干粗壮，枝叶茂盛的松王公、神榕公等，也是普遍的拜契对象，它们预示着健康强壮，生命力旺盛。

第三节　当代生育习俗的演变

一、近代医疗卫生事业的进步

在西医传入以前，闽南妇女都是在家里请接生婆生产，疾病也都靠中医治疗。土法接生由于消毒不严格，婴儿常得破伤风，死亡率高。产妇往往因生育后得不到必要的护理，而患上妇科疾病。开埠后，传教士为扩大教会影响，积极从事医疗卫生活动。如1898年美国的归正会在鼓浪屿设立救世医院，其中有专门为妇女开设的专科。1918年3月20日，中日合办的博爱医院在厦门开业。西方的医术、西药、卫生知识以及医院的管理方法、医学教育传入闽南地区。20世纪20年代后期，国人创办了厦门中山医院，这是当时一所规模颇为宏大，设备、人员、技术一流的大医院，设有小儿科、产妇科、内科、外科、矫形科、眼耳鼻咽喉科、皮肤花柳科、检查科、电疗科、齿科等。设备有外科器械、消毒器械以及当时非常先进的X光线及其他电气装置。① 中山医院1932年6月开始使用。1933年7月，该院正式开办。厦门海关报告称赞说：厦门的医学水平正在改进，训练有素的医生数量正在增加。本地的健康与卫生条件有了很大进步。② 城市西医药业虽然发展很快，但并没有取代中医，中医也进行了变革，有了分科，并实行中医登记。

随着西式医院的建立和扩张，城市公共卫生事业也逐步建立和发展起来。除了设立医院，政府还对公众宣传卫生知识，进行环境清洁，保证食品卫生。设立专门的防疫机构，对城市环境卫生和食品卫生进行管理。强制注射疫苗，防治传染病的发生和蔓延，加强对疾病的预防和控制。一些卫生机构进行了妇幼卫生教育。福建省省会卫生事务所曾几次召开母亲会，宣传妇女卫生及科学育儿常识。省政府要求各县成立母亲会，由县卫生院助产士负责组织宣讲新法接生及孕产妇卫生常识。省卫生处还曾举办过家庭卫生常识训练班。

1929年，福建省政府根据中央卫生署的规定，训令各县政府取缔旧产婆并利用本县的医师和助产士开设接生员训练班。此后多数县卫生院配有助产士负责新法接生和妇婴卫生工作，并由各县卫生院分期训练乡村接生婆。接受新法接生的产妇逐年增多。

20世纪40年代厦门全家福照片

在改造陋俗方面，政府起了重要的引导作用。1939年10月，福建省政府发布《革除早婚、多妻及遗弃私生子陋习》。其中规定："凡男女未满法定结婚年龄者不得结婚。凡男女结婚前，最好须向当地卫生机关（接）受身体检查，如发现有花柳、麻疯等暗疾者，不得结婚。各地应绝对遵守一夫一妻

① 苏警予、陈佩真、谢云声编：《厦门指南》，第五篇，1931年5月，第6页。
② 戴一峰等译编：《近代厦门社会经济概况》，厦门：鹭江出版社1990年，第396页。

制,健全家庭组织。保甲长或警察机关发现遗弃私生子者,应查明其生父生母之姓名、住址,除向司法机关告发外,并责令其生父或生母负责扶养或负担抚养费。遗弃之私生子在其生父或生母未经查明前,应由当地儿童保育机关或其他慈善团体收容保育,并得于必要时招人领养。"1940年2月22日福建省政府又发布《福建省各县及特种区禁革民间陋习实施办法》,主要针对溺婴、弃婴和童养媳等陋习:"各区乡镇保甲长应将辖内受孕妇女随时调查登记,对于婴孩之出生、死亡,于办理户口异动登记时,尤应注意。遇有溺弃婴儿情事,即予查究遗弃人姓名,报请上级机关核办。住民对于同、邻右有溺弃婴儿情事,均负有告发之责。凡民间抱养童媳者,应由各区乡镇保甲长随时劝诫,如有买卖行为,并予依法惩办。"① 通过政府和民间社会共同努力,一些和婚育有关的陋习被明令禁止,虽然其中有的因令行不止而远未消除,但已大有减少。

二、当代妇幼保健事业的发展

开展卫生保健知识宣传。1949年后,闽南各县、市医院增设产科,孕妇定期上医院胎检,住院分娩。农村训练接生员,采用新法接生。乡镇设保健院(卫生院)、村设保健站,孕妇或住院分娩,或接生员上门接生。通过妇幼保健院、所进行妇女儿童卫生宣传。卫生部门将改造旧产婆、培训新法接生员作为妇幼卫生工作的中心任务,新法接生得到普及,产妇产褥热和新生儿破伤风发生率明显下降。20世纪五六十年代,福建省卫生厅根据国家有关规定,协同工会、妇联、劳动等部门,在厂矿、企事业单位开展女工劳动保护和女工卫生保健知识的宣教活动,逐步建立女工卫生保健设施。农村也采用宣传画、幻灯、宣传栏等方式进行妇幼卫生宣传。同时开展妇女经期、孕期、产期、哺乳期的卫生保健知识宣传,教育孕妇接受产前检查,采用新法接生,实行母乳喂养等。每年还组织大批医务人员深入到群众中去宣传计划生育与优生优育的意义,进行避孕节育技术指导。20世纪80年代以后,各级妇幼保健机

---

① 林国平主编,福建省地方志编纂委员会编:《福建省志·民俗志》,北京:方志出版社1997年,第346~348页。

构和门诊、病房设有宣教室，运用挂图、实物、模型、小册子、电视等形式，宣传妇女保健知识及婴幼儿喂养保健知识。对接受婚前健康检查的青年男女进行婚姻保健指导及婚育知识教育。在城市开展围产保健，在农村开展孕产妇系统保健管理。随着围产保健工作的开展，胎儿胎心电子监护仪、B型超声波等仪器在各级医院妇产科内均得到应用。并在城乡开展妇科病普查工作。

实行婚前保健工作和孕前优生健康检查工作。近年来，有婚前医学检查资质的医疗保健机构，给准备登记结婚的男女提供婚前卫生指导、婚前卫生咨询和婚前医学检查。建立健全"政府主导、部门合作、群众参与"的出生缺陷一级预防机制。运用广播、电视、网络、报刊、手机等现代大众传媒，以播放滚动字幕、张贴宣传标语、发放宣传单和免费孕前优生健康检查手册等方式，广泛宣传免费孕前优生健康检查项目意义。为了提高出生人口素质，2007年，国家计生委就启动了出生缺陷的一级预防工作。2009年全面开展优生促进工程，主要包括宣传倡导、健康促进、优生咨询、高危人群的指导、孕前优生健康检查、均衡营养六个方面。2010年，经国务院批准，国家人口计生委、财政部共同启动免费孕前优生健康检查的试点，并将"开展免费孕前优生健康检查"相关内容写入《政府工作报告》。福建省委、省政府对提高出生人口素质工作高度重视，从2011年的7月1日开始，在全省全面开展免费孕前优生健康检查工作。2011年被确定为"生育关怀行动年"。计生部门也从原有单一的计划生育技术服务拓展为实施"婚、孕、产、育、教、养"全程生命关怀。同时构建了市、县、乡、村四级人口家庭公共服务网络。

为了保障母亲和婴儿健康，提高出生人口素质，1994年10月，全国人大八届十次会议会常务委员会第十次会议通过《中华人民共和国母婴保健法》。1999年，福建省九届人大九次会议通过了《福建省实施〈中华人民共和国母婴保健法〉办法》，规定：各级人民政府应当将母婴保健事业纳入本地区国民经济和社会发展计划，制定本地区母婴保健事业的发展规划，建立健全技术服务体系，扶持贫困地区母婴保健事业的发展。各级人民政府应当为发展母婴保健事业提供物质帮助、经费等必要的条件。医疗保健机构按当地人民政府卫生行政部门划定的服务区域为育龄妇女、孕产妇及胎婴儿提供保健服务。孕妇应当到当地医疗保健机构建立保健卡（册），定期进行产前检查。

当地医疗保健机构应当将流动人口和贫困家族的孕产妇列入系统保健管理的范围。孕产妇应当住院分娩。全社会应当保护和支持母乳喂养。医疗保健机构应当开展创建爱婴医院活动。母乳代用品的生产、销售、宣传不得违反国家有关规定。逐步开展新生儿疾病筛查。婴幼儿监护人应当及时到当地医疗保健机构申请建立婴幼儿保健卡（册），并送婴幼儿到当地医疗保健机构接受定期的健康检查和卫生保健指导。推行婴幼儿早期教育和智能开发。

结合防治传染病，开展预防注射。从1978年开始，对儿童施行计划免疫。为了使计划免疫用的疫苗从生产、运输、储存到现场使用都有冷藏设备，以保证其质量及其效价，提高接种率、降低发病率，保护儿童健康，中国与联合国儿童基金会商定建立"冷链"合作项目。从1980年后，全省各地均有冷库、冷藏车、冰箱和运输冷藏箱、保冷背包，形成省—地—县—乡—村的完整"冷链"系统。采取多种形式向广大群众宣传计划免疫对防制传染病、保护儿童健康的重要意义，做到家喻户晓，人人皆知，使群众打消顾虑，按时带小孩到接种点接种，提高了接种率和接种质量。各地在实践中还摸索出一套建卡、用卡和常年接种等方面的经验。通过计划免疫"冷链"管理工作的深入开展，有效地保护了儿童的身体健康，社会效益和经济效益都有明显的提高。[①] 2012年1月，福建省启动免疫规划信息管理系统。全省各接种单位通过该系统为每个儿童建立预防接种电子档案，并在全省范围内实现一地建卡、异地接种。通过努力，做到出生缺陷率下降到最低水平，出生人口性别比趋向正常，控制人口总量和提高出生人口素质明显见效，家庭发展能力、生活质量和幸福指数明显提高，为科学发展、跨越发展、和谐幸福营造良好的人口环境。

闽南地区多年来贯彻执行国家的计划生育政策和《福建省计划生育条例》。1981年新《婚姻法》实施后，继续鼓励晚婚晚育。1988年7月，《福建省计划生育条例》正式实施，其中规定："男25周岁、女23周岁以上结婚的为晚婚。已婚妇女24周岁以上或晚婚后怀孕生育第一个孩子为晚育。"开始实行延长晚婚夫妻婚假和晚育妇女产假的政策。"国家干部、职工双方晚婚

---

① 福建省地方志编纂委员会编：《福建省志·卫生志》，中华书局1995年，第361~368页。

的，婚假延长至15日；晚育又领取独生子女证的，产假延长为135~180天，由所在单位具体规定。夫妻为双职工的，可给男方7日照顾假。婚假、产假期间，工资照发，不影响晋升。"1979年以后大力提倡一对夫妻只生育一个孩子。开展计划生育宣传，着重向群众宣传一些节育避孕基本常识和技术，提高人口素质。2001年11月18日，福建省人大常委会通过了《关于修改〈福建省计划生育条例〉的决定》，对条例进行了第三次修改。增设了"三为主"、"三结合"的要求，规定："计划生育工作应当以宣传教育为主、避孕为主、经常性工作为主，并与帮助群众发展经济、勤劳致富、建设文明幸福家庭相结合。"对生育政策做了微调，主要是放宽了再婚、农村单独等情况也可以生两个，其他方面也做了一些微调。2002年9月1日《中华人民共和国人口与计划生育法》颁布之后，再一次做了生育政策的调整。2006年12月，《中共中央国务院关于全面加强人口和计划生育工作统筹解决人口问题的决定》，提出要全面贯彻落实科学发展观，优先投资于人的全面发展，稳定低生育水平，提高出生人口素质，综合治理出生人口性别比偏高问题，不断完善流动人口管理服务体系，积极应对人口老龄化问题。改善人口结构，引导人口合理分布，保障人口安全，促进人口大国向人力资本强国转变，促进人口与经济、社会、资源、环境协调和可持续发展。"十二五"时期是福建加快转变经济发展方式，推动科学发展、跨越发展的关键时期；福建省制定了《"十二五"人口和计划生育专项规划》。在提高人口素质方面，要求在"十二五"期末，婴儿的死亡率要下降到7‰以下，孕产妇死亡率下降到18.0/10万，全省人口平均预期寿命达到75.5岁，国民平均受教育年限提高到10.5年；在调整人口结构方面，出生人口性别比升高势头得到有效的遏制，而且要逐年趋向正常。

三、生育观念的变化

1. 禁忌的淡忘和消失

早年医疗条件落后，怀孕的女性很容易流产、难产，而且也不明所以。为了保证顺利生产及孩子健康成长，人们根据已有的生活经验，形成了非常多的禁忌和各种限制。但现在由于科学渐渐发达，知识普及，医疗卫生条件改善，遇到不孕不育的情况，都会到医院诊断治疗。妇女怀孕后，定期到医院检查，做一些疾病的筛查等，在医生的帮助下保胎、顺产。现在几乎所有的产妇都到医院生孩子，胞衣多被医院收去作药材。产后有的到婆家，有的回到自己的小家庭，请婆婆来照顾，甚至有的直接回外家"做月子"。出院之前，护士每天都会给婴儿洗浴，换上干净的婴儿服，照顾婴儿，一般也就没有"洗三朝"的习俗了，但有的老人还会用麻油涂搽婴儿肚脐，延续这一礼俗。虽然还有一些人仍然祭拜注生娘娘等神灵，但更多的是作为心理安慰，而且也改用鲜花还愿。人们求神问卜的风气渐渐衰减，而偷瓜、换肚、探花丛的祈子习俗在群体记忆里也慢慢被淡忘，很多禁忌习俗也不存在了。

现在怀孕和坐月子的禁忌也少了很多，有的自动消失。如重视胎教，给胎儿讲故事听音乐；不过度补充营养，定时到医院产检；怀孕期间适当运动以利顺产。产妇每天照样刷牙、洗头、洗澡，讲究卫生，有利健康。婴儿出外在树荫下见阳光，增强婴儿的体质。产妇也可以和人聊天说笑，避免产后抑郁症。有的还会请来经过专业训练的月嫂，帮助照顾产妇和婴儿。台湾的一些医院还有坐月子中心。近年来生孩子祝贺的仪式渐渐省略，亲戚朋友的礼品多以红包代之，让产妇家人自己购买各种补品，满月酒一般也设在酒店。由于社会的进步，尤其是实行计划生育后，闽南人重男轻女观念有很大改变，无论生男孩还是女孩都一样放鞭炮、送线面、办满月、做十六岁。过去女子是不能上龙舟、划龙船的，近十几年来，云霄县每年举办"女子龙舟赛"，女子龙舟赛的普及，是婚育观念的进步，也是"关爱女孩行动"的结果。

2. 闽台共数一宫灯

闽台两地互送宫灯，互报灯数的传统由来已久。2007年的元宵佳节，晋江东石镇恢复了中断了50多年的"闽台共数一宫灯"的习俗。2008年，东石"数宫灯"的习俗被列为第二批国家级非物质文化遗产名录。每到元宵节，台湾乡亲都会送精美宫灯到晋江东石，互报闽台两地后裔的发展情况。2011年2月17日，60多位来自台湾嘉义、基隆、台北等地的台胞聚首侨乡晋江东石镇，参加"闽台共数一宫灯"民俗活动。闽台两"东石"元宵灯俗见证了两岸民俗相同、血脉相连。这种世代相续的元宵十五灯俗，既反映了两岸民

东石镇2010年元宵"闽台东石灯俗"文艺晚会

众希望家族繁茂、子孙昌盛的传统心理，也是中华民族凝聚力的生动体现。

3. 关爱女孩

倡导社会性别平等，广泛开展"关爱女孩行动"。出台、落实有利于倡导社会性别平等的政策措施，为女孩成长营造良好的社会经济政策环境。2006年，《中共中央国务院关于全面加强人口和计划生育工作统筹解决人口问题的决定》提出，要深入开展"关爱女孩行动"、"婚育新风进万家活动"。以消除性别歧视为重点，广泛宣传男女平等、少生优生等文明婚育观念，普及保护妇女儿童权益的法律法规知识。制定有利于女孩健康成长和妇女发展的社会经济政策，促进男女平等就业和共同参与社会经济活动。对农村计划生育女儿户给予奖励，在扶贫济困、慈善救助、贴息贷款、就业安排、项目扶持中对计划生育女儿户予以倾斜，推动"幸福工程"、"春蕾计划"等社会公益活动。鼓励男到女家落户，依法保护妇女的宅基地、房屋等继承权和土地承包权等权益。闽南各地深化制度创新，形成多部门的有效合作机制，运用法律手段，严厉打击非医学需要的胎儿性别鉴定和选择性别人工终止妊娠的行为，依法严惩溺、弃、残害女婴和拐卖、绑架妇女儿童的犯罪活动及歧视、虐待生育女婴的妇女等违法行为，保障妇女儿童合法权益。在利益导向上向女孩家庭倾斜，帮助计生女孩困难家庭助学和发展生产。在全社会形成关心关注女孩成长、促进女孩家庭发展的良好氛围。

母亲的素质，影响未来民族的素质。要提高妇女素质，必须从女童教育抓起。1989年，在全国妇联领导下，中国儿童少年基金会发起并组织实施了一项旨在帮助因生活贫困而辍学或濒临辍学的女童重返校园接受学校教育的爱心工程——"春蕾计划"。30年来，福建省妇联、福建省儿童基金会实施的"春蕾计划"募集大量资金，援建春蕾小学34所，开办春蕾班45个，资助学生累计达10.5万人次。该基金会资助帮扶措施不断丰富，"春蕾计划"从实施之初对贫困女童进行单一的经济资助，发展到经济资助、精神关怀与就业指导相结合；资助体系更加完善，从以资助义务教育阶段学生为主，拓展到高中、职专和大学，以及特殊困难家庭的资助体系。"春蕾计划·圆梦行动"始于2001年，资助品学兼优、家庭贫困的应届高考女生，它是省儿童基金会对"春蕾计划"原资助重点的拓展和延伸，营造出一个有利于女孩成长和发展的社会环境。

4. 宗族新风

开展以"关爱女孩，性别平等"为主题的移风易俗活动。"婚育新风进万家活动"和"关爱女孩"行动等工作的深入开展，使群众的婚育观念发生深刻转变，少生优生成为大多数人的新选择，许多家庭接受了"关注女孩成长，培养孩子成才"的婚育新观念，把更多精力放在培养孩子成才上。过去，宗族是以男性为主体。现在，闽南许多地方的女性可以进祠堂、上族谱。祠堂重建经费的一部分也来自女性捐款，她们的名字都镌刻在祠堂墙壁上。新修的族谱大都收入女儿名字，记录她们的婚姻情况，有的还有事迹介绍。有的

泉州晋江女性参与捐资重建祠堂

2002年2月，漳州市长泰县岩溪镇珪塘计会、老人协会组织车队迎接女孙新公到祖厝点灯

在编辑凡例即说明："本族谱突破唯男不入女的观念，凡海内外女性宗子成才者、成才媳妇与男性宗子分别收入传、录、表及名榜中。"①漳州市长泰县岩溪镇珪塘叶氏、武安镇京元张氏、枋洋镇赤岭黄氏等改变歧视女孩的陈规陋习，生女孩可到祖厝（庙）点灯，推行女孩上族谱、上祖祠光荣榜，男女出色人才均可上楷模馆等新风尚，创立女孙成才基金，对考上本科的女大学生进行奖励等举措，引导村民树立新型婚育观念，建设和谐幸福社会。

5. 多种形式的生育文化建设

人口文化园是建设新型生育文化的一项重要举措。2010年，厦门湖里人口文化园在仙岳山公园落成，园区由"生命长廊"、"国之策"、"母与子"、"生命和谐"、"生命赞歌"、"宝宝出生"、"情人眼里"、"哺育"、"人生五部曲"九大雕塑区组成。海沧街道未来海岸社区也设立了"人口文化园"，由一些点缀在小区绿地间的以"爱""和""家"等为主题的石雕、铜雕以及宣传栏构成。漳州市积极推进国道319—324线漳州境内300公里新型生育文化长廊建设。龙海市投入300多万元建设占地面积4 000多平方米的紫云山公园，融石雕宣传标语区、婚育新风植树区、绿化休闲娱乐楼亭区、关爱女孩广场等为一体，传播新型生育文化。人口文化园把历史人文、计生宣教、人口文化、休闲娱乐等内容融为一体，让市民在闲暇休憩中感受新型生育文化的魅力，在潜移默化中接受熏陶。

各地演出形式多样的文化节目宣传新型生育文化。漳浦县利用元宵节期间举行"婚育新风惠万家"花车踩街文艺宣传活动。诏安县人口计生局定期深入农村企业演出计生文艺节目。泉州市鲤城区注重打造"笋江月·闽南风"婚育新风进万家艺术团品牌，自编自演20多个计生文艺节目，组织艺术团到街道开展计生慰问演出。通过寓教于乐的形式给广大育龄群众送去新型生育文化和婚育新风。

6. "创建幸福家庭"活动

家庭是社会的细胞，家庭幸福是人口发展、社会和谐的重要基础。当前，已进入到稳定低生育水平、统筹解决人口问题、促进人的全面发展的新

---

① 泉州锦绣庄文物保护委员会山腰分会编：《桃源锦绣山腰庄氏族谱》，黑龙江人民出版社2006年。

阶段。"创建幸福家庭"活动,旨在充分调动政府部门、群众团体、社会组织和企业的力量,努力提高家庭特别是计划生育家庭的发展能力。福建省以开展"生育文明——幸福家庭促进计划"为有力抓手,积极推动人口计生工作拓展转型和创新发展,创建"文明、健康、优生、致富、奉献"的幸福家庭,开展文明倡导、健康促进、优生优育、致富发展、奉献社会等工作,树立文明婚育风尚,推行科学管理模式,提升优质服务水平,增强家庭发展能力,提高家庭生活质量和幸福指数,促进人口长期均衡发展与社会和谐进

生命和谐——厦门人口文化园

步。闽南各地注重整合提升各种资源,把创建活动纳入深化人口计生综合改革的重要内容,与开展"婚育新风进万家活动"、"新农村新家庭计划"、"关爱女孩行动"、"三培育活动"、"生育关怀行动"、"幸福工程"等工作有机结合起来,为群众提供更多的公共服务。2010年,中共中央宣传部、文明办、国家人口计生委、教育部、民政部、文化部、卫生部、国家广播电影电视总局、新闻出版总署、总工会、团中央、全国妇联、中国计生协13个部门联合发文,确定北京市海淀区等84个(地、州、区)为全国婚育新风进万家活动第四阶段(2011~2015年)示范市,福建省泉州市、漳州市、厦门市和龙岩市入选。2011年,漳州市还被国家人口计生委、中国计划生育协会、中国人口福利基金会确定为全国首批"创建幸福家庭活动"试点市之一,也是福建省唯一一个试点城市。

2011年5月,漳州市"创建幸福家庭活动"暨成立志愿者服务队伍启动仪式

第三章

成年礼俗

> 成年仪式，即"成年礼"，又称"成丁礼"，它是一个人生命周期的一个重要环节。通过正式而制度化的程序，引导一个社会成员从"青少年"进入"成年人"阶段，让他们能顺利担负起成年人的角色。孩子的成长需要各方面的呵护，克服各种困难，接受教育，顺利走过儿童时代，逐渐走向成熟，走向成年。

第一节 护生习俗

一、护生习俗

1. 断奶

闽南民间给孩子断奶一般在秋后或年底，选择一个吉日，供奉床母，求其保佑孩子断奶后能够正常饮食、身体健康。做母亲的以韭菜下饭，并用山楂、炒麦芽煮汤喝，或到中药店开点中药，促使"回奶"。有的在乳头上涂抹黄连水，有的用一种特制的药末兑菜子油或人乳涂抹在婴儿的双眉之间，让孩子打消对母乳的兴趣。

2. 改洗

民间认为幼儿身上很干净，不能接触婚丧喜庆的物品以及其他"不洁"的事物，万一被碰到，就说是犯邪，要以某种方式"改洗"。有的印制巴掌

喂饭

哺育

大的"解殃经",通过念经来禳解。有的用吊桶在井里荡七次,打起一桶水,往水里投入三岔路口的七粒马齿砂(粗砂),并采摘石榴、兰蕉、茉莉等七种花的芽放入水中,然后用石榴枝蘸花心水在幼儿的胸前划三下,在背后划四下,并高声说"拭拭去啊!清彩啊!"这样就可以除去秽气。有的到扎纸店买纸扎成"替身尪仔",回来在幼儿的胸前和背后各蹭几次,将邪秽转移到替身的纸人上,然后将纸人烧掉。有的在寺庙里、路边、门前或厕所里烧几张寿金、纸或刨花,让儿童从火上跳过,然后直接走回房间躺到床上,其间不得转回头。还有的带幼儿到野外,找一株和孩子一样高的草,割下来在身上划几下,同时高声念快点长大之类的吉利话。

3. 驱虱蚤

从前卫生条件差,闽台地处亚热带,气候潮湿,常常滋生跳蚤、虱子,叮咬孩子,影响健康。每年第一次响雷时,家长就叫小孩站到大门口,将衣服脱下向外抖一抖,口中念道:"春雷响,虼蚤虱母辗落田。"据说这样就可以把虱、蚤赶得远远的。

4. 脱痘痂

在现代种牛痘普及之前,天花是威胁儿童健康的大敌,很容易死亡或留疤。孩子若能渡过这关,如同起死回生,因此要举行隆重的仪式,称为"淋珠(天花)疤(痂)"。家长将一大碗乌豆、黄豆炒熟,邀请四邻的男孩前来围观。把一张小凳子放在一面大笠苈的中间,让出痘后痊愈脱痂的儿童坐在凳子上，在头顶上放一面铜镜，将熟豆倒在铜镜上，让豆子从镜子的四边滚落到笺疬上，一边高声说"落疬啊，落疬啊！"围观的男孩捡起熟豆吃，俗称"拾珠疬"。[1] 现在有的地方还延续淋珠疬之俗，在儿童种过牛痘的第十二天，即举行淋珠疬的仪式。

5. 百家饭与百布衣

过去小孩如果体弱多病，往往要到庙里许下讨饭愿，然后向四邻各家各户讨一些米，做饭给孩子吃，称做"百家饭"，意思是贱养，让小孩像乞丐一样，不知不觉就长大成人。还要向四邻各家各户讨一小块布，缝缀"百家衣"给小孩穿，认为凭着众人之力，孩子就会"好邀饲"，长命百岁。有的父母还到四邻人家乞钱，买一把锁，挂在孩子脖子上，象征着孩子为百家所有，不易被妖魔夺去。

6. 姑母赠物

婴儿初次长牙一般是成对的门牙，如只长一枚，称"发孤齿"，婴儿的姑母要送给婴儿一只小竹凳，以为能保证婴儿将来牙齿发育正常。如果婴幼儿头发长不齐，后脑勺部分地方长不出头发，形成一长条，俗称"行姑路"，婴儿的姑母要送婴儿一双鞋，才能使孩子的头发长齐。

7. 端午保健

端午节的由来和传说很多，一是纪念，主要是纪念诗人屈原，有的说是纪念伍子胥、孝女曹娥，也有说源于古越民族以龙为图腾的图腾祭；一是与古人为避五月这一"恶"月有关。端午时值农历五月，进入

哥窑青花五毒盖罐

夏季，天气闷热，容易流行瘟疫，俗称"恶月"；加上蛇虫繁殖，人们认为蝎子、蛇、蛤蟆、壁虎、蜘蛛等五种动物是最毒的动物，俗称"五毒"，易咬伤人，所以要十分小心。因此，端午节系列民俗活动的主题是驱邪除秽，祈福求安，自然也就有不少辟邪去秽的保健习惯。这一天除了吃粽子，赛龙

---

[1] 漳州市政协编：《漳州民俗风情》，海风出版社2005年，第118页。

漳浦剪纸"粽子情"　　　　　　　　　　　　漳浦剪纸"阿姆包粽"

舟外，家中要泡雄黄酒，在酒里加入少量朱砂，用毛笔涂于小孩的手心、脚心和额头（一般是写个"王"字），还可用黄纸沾湿再粘贴于门后，也有一定的杀菌效果。还有系挂续命缕和香袋的习俗。续命缕是以五色线拧成一股，系于小孩臂上，到农历七月七日的"七娘妈"生日，才解下连同冥钞焚烧。香袋挂于小孩胸前，内装香料及雄黄，可以杀菌和驱除瘴气。端午节中午，儿童要用井水沐浴，而青少年及壮年男子也在这一天到河里洗浴，俗谓"五月节，去污垢"，据说这样做夏天就不长痱子。

8. 出门护卫

小孩要出门时，常到寺庙乞取一撮香灰，然后装进用绸缎缝成的小枕头状或鸡心状的袋子里，并缝上丝带，随身携带，以祈求神灵保佑一路平安。新生儿第一次出行尤为注意，要择吉日才能出门。路上每过一座桥梁，无论规模大小，父母都要停下来在桥上压下一张或一小叠金纸，表示对"桥神"的尊敬，并祈求保佑小儿路上平安。如果在路上经过土地公宫或其他神庙，父母也要停下来在神灵前焚香烧金纸，然后才带小儿过去。幼儿首次到外婆家，出门之前，额头要涂上黑锅灰，意为与灶君辞行，以保佑小儿一路平安，俗称"笃灶额"。返回时，额头则要涂上红丹，以表示受到外婆款待，长得红光满面。①

9. 做生日

孩子的周岁、成丁要宴客庆祝生日，此外都不会特意庆祝，以为糊里糊涂更容易成长。如果孩子提出做生日的要求，则以"大人生日食肉，囝仔生日食拍（小孩生日挨打）"来回答。但儿童生日这天也要吃红蛋、甜线面和韭菜，祝愿无灾无难、快快生长。有些地方女孩要提前一天过生日，吃红蛋。除了老人，生日都不能言"寿"，以免折寿。孩子长大成人之后，生日只吃线面和蛋，一般不特意宴客。尤其忌讳在41岁时做生日，过了50岁才称上"福"，才可以"做大生日"。只有两种情况例外：一是女子出嫁后的第一次生日，娘家父母要置备蛋、线面等礼物送到女婿家。二是男人30岁时如果已婚，则岳父母要送鸭蛋、线面、猪脚、衣饰等礼物，为其"做三十岁"。②寿庆分"大生日"和"小生日"。男性逢一为大生日，其余年份为小生日；女性取双数，逢十为大生日。实际上男女都是逢十为大寿，不过男性算实岁，女性算虚岁。有的地方无论男女都提前在逢九的年份祝寿，认为"九"与"久"谐音，有长寿、长久之意，"逢九做十"岁寿可添不可减，还可以辟邪。寿庆可提前举行，以当年为限，但不得推后举行。

10. 压岁钱

发"压岁钱"也是祝愿孩子顺利成长的民俗。在中国传统文化中，红色是吉祥的颜色，把压岁钱放在红色的封套里，表示把祝福和好运带给别人。以前压岁钱大多数是用红绳串着送给孩子，后来演变为用红纸包钱。每年除夕，一家大小聚集在一起吃年夜饭。饭后由长辈给未成年的晚辈发"红包"，称压岁钱。如果分发红包的长辈夫妇双双健在，给晚辈的红包必须是两个；如果一方已经去世，就只有一个。现在大都改为一个，也只发给未成年的孩子。婴儿满月或周岁，亲友看"新婴"，一般都要送红包，表示祝福婴儿平安长大。逢年过节还给亲友家的下辈子弟（一般是儿童）送红包表示祝福。红包里的钱额仍然是双数。

---

① 陈垂成主编：《泉州习俗》，福建人民出版社2004年，第67~68页。
② 漳州市政协编：《漳州民俗风情》，海风出版社2005年，第123页。

二、儿童禁忌

孩子能够顺利成长十分不容易。台湾有一首《摇婴仔歌》，反映了做父母的对孩子一辈子的爱护和操心。"婴仔婴婴困，一暝大一寸；婴仔婴婴惜，一暝大一尺，摇子日落山，抱子金金看，你是我心肝，惊你受风寒。婴仔婴婴困，一暝大一寸；婴仔婴婴惜，一暝大一尺，一点亲骨肉，愈看愈心适，暝时摇伊困，天光抱来惜……我才会放心。"儿童在成长过程中难免会遇到各种各样的困难和问题，于是也产生了许多禁忌。如婴儿出世时已长出门牙，被认为是恶兆，说会"食父母"，为保平安无事，必须请人拔掉，并要送红包给拔牙人。婴儿未满月之前忌讳见孕妇、新娘、病人、孤寡人、陌生人和带孝的人。婴儿打喷嚏，大人要说"大吉利，吃百二"，以免生病。不能当面夸孩子"肥"和"重"，只能说"泡"（胖），有的甚至连"胖"都不能说，以免孩子娇气马上生病就瘦下去了。佝偻病，称"猴损"，以为与猴子有关，所以幼儿不得看猴戏和接触猴子。成人不可在幼儿在场时说"猴"字或提到有关猴子的话题，如确实需要说，就用"幼毛仔"代替。幼儿不能从大人胯下钻过，不得被人跨越等，以免将来长不好。学前幼儿不能吃鸡爪，认为吃了会撕破书，长大后读不好书。在室内不可以戴两顶帽子、斗笠或打伞，否则会患瘌痢头，也长不高。民间称月亮为"月娘"，小孩以手直指月娘，会被月娘怪罪，在夜里被割破耳朵。小孩长新牙要从下面开始长起，并成双成对地长为好。换牙时，掉落的乳牙不得乱扔，否则新牙长不好。掉牙的孩子要双脚立正，然后扔乳牙，下牙扔上蚊帐顶（或屋顶）上，上牙扔进床底下，这样，新牙才会长得整齐。还有夜间不许小孩吹口哨，以免招来鬼魂。

三、儿童游戏

农历八月十四日至十五日的晚上，孩子们喜欢做"造塔仔"（"烧塔仔"）的游戏。他们捡来一大堆瓦片，叠成一个高两尺左右的圆形小塔，称"塔仔"。城乡有所不同，城镇一般是叠成五层或七层的塔，贴饰彩花纸签，内置泥偶，塔内点燃灯烛。农村叠造的是不加装饰、不分层次的粗锥形空心尖塔，里面放上柴草和火炭、木块燃烧，所以又称"烧塔仔"。认为烧得越旺越有彩气。火光透出塔仔的小孔忽忽闪闪，孩子们围着塔仔欢呼雀跃。

儿童游戏

孔明灯又叫天灯，相传是由三国时的诸葛孔明所发明，另一种说法则是这种灯笼的外形像诸葛亮戴的帽子，因而得名。惠安、安溪等地有放孔明灯的习俗。孔明灯主体大都以竹篾编成圆桶形，外面用棉纸或纸糊成灯罩，开口朝下。要选择晴朗无风的夜晚，在空旷的场地上放飞。放飞时，需要两三人的共同协作，一般有成年人陪同。几个儿童站在长板凳上，捏住孔明灯的4个角，其他人扶起孔明灯的底框，点燃灯中的油枝，升起的热气和浓烟把孔明灯撑满，燃料燃烧使孔明灯里的空气温度升高，密度减小，从而排出原有空气，使自身重力变小，于是空气的浮力就把灯托了起来。这时放手，孔明灯便腾起升空，与明月争辉。现在有的在底部的支架中间

孔明灯

绑上一块沾有煤油或花生油的粗布作为燃料，有的还在孔明灯底部拴上线，这样既可以重复放飞，又能控制起飞高度和范围，避免引起火灾。台湾的孔明灯还有一个传说，大约清朝道光年间，惠安、安溪等地闽南人移民台湾基隆河上游的台北县、平溪乡、十分寮地区。据说当地曾经闹过土匪，由于地处山区，村民都逃向山里。土匪走后，留守在村中的人就在夜间施放天灯作为报平安的信号。从此以后，每年的元宵节，这些地区的村民便以放天灯的仪式来庆祝，并且互报平安。因此又称天灯为"祈福灯"或"平安灯"。

第二节　启蒙教育

在儿童成长的过程中,教养也不容忽视,以往对儿子、女儿的期望和教养方式不同,从一些歌谣可看出这种差别。教养男孩的歌谣有:"七岁八岁送伊去落学,九岁十岁知人事,十一、十二、十三、十四读册考校成举人,十五、十六中进士,十七、十八娶媳妇。"可见父母对儿子的要求是读书求功名和成家。教养女孩的歌谣有:"九岁十岁教针黹,惊伊四界去赓丝,十一十二着打骂,此去着那学做衫,十三十四学煮菜,一块桌面办会来。"可见教养女儿的目的是培养贤妻良母,要循序渐进学针线,学裁缝,还要学烹饪,不听话的时候还会被父母打骂。台湾还有一首歌谣《作人阉鸡》,"作人阉鸡早早啼,作人媳妇早早起,入大厅搽桌椅,入灶脚洗碗箸,入房间绣针黹,呵咾兄呵咾弟,呵咾亲家亲姆贤教示"。意思是女子从小就要学会各种家务事,出嫁后要早起,做事要勤快,为娘家争得好名声。

在漳州龙海、漳浦的一些花果之乡,每年元宵节,还有女孩祭拜花仙陈四娘的习俗。相传陈四娘是开漳圣王陈元光的后裔,排行第四,善于绣花。有一年为绣杨梅花,爬上杨梅树等待开花,不慎跌下去世。人们因她善绣各种花,称她为花神,并在元宵节祭拜她。这天晚上,家中的女孩要由母亲或阿姨带着,在门前摆下供桌,备有宫鞋一对,圆镜一面,针线各一,供茶果,烧香点烛,边拜边念:"学学陈小姐,做个好闺女,入灶脚洗碗筷,入房中提针织。""洗耳洗耳边,扫地扫厅边,居厝好厝边,绣花绣万字。"祈求花仙保佑闺女,长大后聪明贤惠。[①]

男童启蒙一般要到私塾学习。私塾分几种:有大户人家在家里设立的家塾,聘请塾师教读子弟和亲戚孩子,称坐馆或家塾;有塾师私人设馆收费教授的,称教馆、学馆、书屋或私塾;还有乡村、宗族捐助钱财、学田的地租收入兴办的义塾,称村塾、族塾(宗塾)。私塾规模一般不大,人数少者数

[①] 漳州市民间文学集成编委会编:《中国民间故事集成·福建卷·漳州市分卷》,第 1 卷,1991 年,第 494~495 页。

人，多者二十余人。学生要在孔夫子的牌位或圣像前恭立，向孔老夫子和先生各磕一个头或作一个揖后，就算是入学了。闽南学生送给塾师的礼物通常有砂糖、芹菜、大葱、熟鸡蛋、金帛、香烛，当然还有束修（学费）等。私塾对学生的入学年龄、修业期限、学习内容及教学水平等，均无统一的要求和规定。塾师一般是科举出身的举人、贡生、秀才，也有童生。

每年农历正月廿一日以后开学。元宵节过后，父母常对孩子说："玩够了，该'神归宫，佛归庙'了。"开学第一天，先生带领学生栽种芹菜，塾师随口念道："泮水采芹"；栽种大葱，又随口念道："聪明读书"（葱，聪同音）。年幼儿童先识"方块字"（书写在一寸多见方纸上的楷书字），开始是"描红格"，俗称"循上大人"，即红色印刷正楷字，让儿童用毛笔按笔画描摹，如"上大人，孔乙己。化三千，七十士。尔小生，八九子。佳作仁，可知礼……"认识千字左右后，教读《三字经》、《百家姓》、《千字文》、《童蒙须知》、《弟子规》等。先教学生熟读背诵，在适当的时候再由教师逐句讲解。还设有习字课，主要是描红和临帖，还有指字、练字、法帖、八法等。学童粗解字义后，则教以做对，为做诗做准备。然后教读"四书""五经"，兼读古文，如《古文观止》等，有的外加《孝经》、《声律启蒙》、《幼学琼林》等。之后开始学习作文，特别重视制科文字(八股文）的习作，为科举考试做准备。学规极严，体罚为平常事。中间没有休息，若要大小便，学生须起立鞠躬对塾师说"出恭"，所以当时流行的一句话："不爱读书，（学生）假拉屎。"学生

私塾学习

讲粗话会被塾师"画黑嘴箍",迟到则罚"站圈子"。塾师教书时的读音,都是用本地的闽南方言的"文读音"。① 很多学生不会讲"官话"或"京话",考取功名,到外地做官,讲的仍是这种闽南方言。民国时期,有了新式教育,开设学校,才教"国语"(普通话)。对私塾也进行了改良,调整办学方式,有的加授算术,部分采用小学教科书。一年中的假日有:正月初一至正月二十日、清明、端午、七夕、中秋、重阳、十一月初四(孔子祭)、十二月(年底)。

现在实行九年义务教育制度,它是国家统一实施的所有适龄儿童、少年必须接受的教育,是国家必须予以保障的公益性事业。近年来,伴随着"国学热"的升温,厦门等城市举办了面对中学生的"国学夏令营",一些幼儿园和小学纷纷开设了"国学班"、"读经班"。私塾补习班在社会上也应运而生,孩子们课外来这里学习《弟子规》、《三字经》、《论语》等,有的中间穿插讲授古乐、书画、戏曲、书法、茶道等。国学启蒙不再是机械的背记典籍,而是一种传统文化教育的熏陶,也是文化传承上的寻根之旅。

孩子在读书期间,遇到考试,还会祭拜主文运的神明魁星、文昌帝君、紫阳夫子等。魁星是中国古代的传说神话人物,原为古代天文学中二十八星宿之一"奎星"的俗称,指北斗七星的前四星,即天枢。过去皇宫正殿的台阶正中石板上雕有龙和鳌(大龟),考中进士,就要进入皇宫,站在正殿下恭迎皇榜,而头名状元则有资格站在鳌头上,所以称为"魁星点斗,独占鳌头"。魁星又称"魁星爷"、"大魁星君",可庇佑参加考试的士子金榜题名,飞黄腾达。魁星的扮相代表"仕禄加身,独占鳌头",在儒士学子心目中,魁星具有至高无上的地位,被奉为

魁星——台北龙山寺

---

① 陈垂成主编:《泉州习俗》,福建人民出版社 2004 年,第 289~290 页。

文昌帝君——台北龙山寺

答谢文昌帝君——台北龙山寺

守护神。很多地方都建有魁星楼。文昌帝君也是主文运的神明，文昌帝君亦称文曲星，或文星，古时认为是主持文运功名的星宿。紫阳夫子即宋代理学家朱熹，为孔孟以来集儒学大成之一代宗师，其整理的四书五经被奉为科举考试范本，故为一般书院供奉，以示不忘。台北龙山寺的文昌帝君殿供奉着这几位神明，在文昌帝君前还有"准考证影本放置处"。考生金榜题名时，会送来花篮答谢。

第三节 成年礼俗

　　一个人，当他走过儿童时代，逐渐走向成熟，就将脱离亲人的养育和监护，承担起所在集团和社会所赋予的权利和义务。在这个时候，人们就要举行一系列的礼仪来祈祷当事人由不成熟走向成熟，它是一个人成熟的标志，这种礼仪就是成年礼仪。① 在很多社会中，只有通过成年礼之后的人才被认定为成年人。成年礼作为人生发展阶段的标志性仪式，在人类社会中不同程度地存在着。无论何种成年礼，其基本目的与功能都是一致的，标志着个体的社会文化性的诞生。即经过成年仪式的洗礼，受礼者就已经长成大人，真正融入社会，自此享有成人的所有权利和义务。

---

① 费孝通：《乡土中国·生育制度》，北京大学出版社 1998 年，第 144 页。

一、做十六岁的由来

闽南人以十六岁作为成年与未成年的分水岭。男女都在十六岁那年行成人礼,称"做十六岁",其实就是"做大人"。成丁礼后,男子不论在家庭、宗族中,还是在社会上,都被当做正式成员看待,可以考虑婚娶,参与家庭和宗族大事的商议,族产有其份额等。当然也要承担成人的义务,干全劳力活,为官府服役,赡养父母,而且必须检点自己的言行举止,若有失误和出格,就难再用年幼无知为借口推卸责任。过去,女子满十六岁同样被视为成人,却大多不举行成丁礼之类仪式,而是在出嫁前行笄礼。

闽南人习惯称"成人礼"为"做十六岁",大多选择在农历七月七日的七夕。传说七娘妈是天帝的第七个女儿,即织女,又称为"七星娘娘"。谚语说:"七月初七七娘生。"民间把这天定为七娘妈的诞辰,要举行祈祥活动,称"做七娘妈生"。也有说七娘妈是注生娘娘,但是现在人们已经把七娘和注生娘娘混淆在一起了。在人们的心目中,七娘妈是美丽、善良、慈爱、吉祥的化身。民间相信,从婴儿出生到十六岁之前,都受到七娘妈的照顾庇佑,她是儿童的保护神。如果子女能顺利成长至十六岁,就会到庙中还愿。在当年七月七日"七娘妈生"这一天,举行成年礼,俗称"做十六岁"。还有说注生娘娘是生育之神,婆姐是其部属,也是儿童保护神。七月七日,除为注生娘娘祝寿外,也拜婆姐。尤其在这一天,有十六岁儿女的人家,要准备丰盛的祭品,拜注生娘娘和婆姐,以庆祝成人,然后宴请亲朋,俗称"出婆姐宫",或称"做十六岁",通过这种仪式表示感恩。

泉州人还认为这和广泽尊王传说有关。广泽尊王即郭圣王,俗名郭忠福,南安诗山人,七岁时为葬父而卖身于杨财主家。他牧羊奉母,乡邻称为郭孝子。三年后,经风水师傅指点,母子离开杨府,来到南安诗山郭山下,寻得栖身之所。有一天,郭忠福为母寻药时在一条加蕉藤上坐化,时年十六岁。人们感其孝,怜其殇,为其立庙纪念,称为"郭山庙",因庙在凤山,后来又叫"凤山寺"。奉其为神明,敬曰"郭圣王"。邻近乡人,争传郭孝子化身奇事，乡人纷纷前往祀求，于是香火非常旺盛。广泽尊王也由此成为儿童保护神。他是十六岁升天成神，所以要做十六岁。

台南地区还有另外一种做十六岁的习俗的传说。台南市西区过去有五条小港，五大姓的码头工人各据一港，为各行郊搬运贸易。当地工人家境很穷，但是缩衣节食，抚养儿子到十六岁，就可以帮父亲搬货，以助家什。所以有儿子满十六岁的人家，皆大欢喜，为儿子做隆重的成年典礼，宴请亲朋。此俗台南地区至今尚存，而且不管男女均做十六岁，由母亲娘家送礼，除传统的礼品外，又有项链、金镯等贵重礼物。[①] 不管做十六岁的来源如何，其主要目的就是庆祝儿女成人。

家训——泉州南安蔡氏古民居

二、闽台的做十六岁

成人礼意味着孩子告别童年，走向成年。小孩十六岁举行成丁礼时，父母要给孩子做一整套内外新衣服，穿过以后要珍藏。富裕之家还设酒席请亲友，家人要让成丁者坐在尊位。亲友要馈送衣物、鞋、袜之类的贺礼，外婆要送布料、衣服、鞋、袜、帽，再加糖、饼、糕和一只大公鸡，让成丁者吃鸡做大人。家境贫寒的，礼仪从简，只是煮一碗面，外加两个蛋给孩子吃，希望其长寿平安。"出花园" 俗称 "出婆姐宫"，相当于古代的成人冠礼和及笄。漳州民间传说，孩子幼时是在花园里由花公、花婆照管，长到十六岁，要在七夕这天出花园。这天，孩子沐浴后换上外婆送来的新衣服，准备好糯米糖饭和纸扎的 "七娘妈亭"，男孩加一只公鸡，女孩加一只母鸡，到寺庙里祭拜七娘妈，感谢其十六年来的保佑。拜毕，孩子穿草鞋、背包袱、拿雨伞，由长辈或寺庙的主事执雨伞的另一端，牵着孩子自左向右绕神案12

---

① 《做十六岁和七娘妈生》，载《台南文化》（台湾历史风物丛考辑录），新三期，1977 年 7 月，第 132 页。

周,"牵出花园"。然后脱下从小挂在胸前的"絭牌",在烧七娘妈亭和纸绽时一起焚化,称为"褪絭"。孩子出寺庙后要独自在街上或田野间走一大圈子再回家,这天家长要宴请亲友,家人要让出花园者坐尊位。从此孩子就算跳出花园,成了大人。① 泉州南安等地,则借敬奉郭圣王这一方式,教育孩子要学郭圣王的孝道,孝敬父母。

在台湾,孩子到了十六岁,要准备供品向注生娘娘和十二婆姐致谢,要"脱絭"、"拜七娘妈",举办种种"感恩"和"期许"的仪式,即"做十六岁"。据说小孩在未满16岁以前由鸟母照顾长大,仙鸟受七星娘娘所托,而婆姐是注生娘娘身边的人。因此小孩在满16岁的时候,要祭拜"七娘妈",表示离开保护场所,从此不需要鸟母和婆姐的保护了,所以称之为"出鸟母宫"或"出姐母宫"。脱离了注生娘娘、十二婆姐等的保护,意味着脱离了家庭的庇佑,要在社会上承担起责任来。民间认为小孩是七娘妈和注生娘娘所赐,小孩能平安长大到十六岁,是诸神的保护,所以要向神明索取护身带("絭"),用丝线穿好,挂在小孩的颈部,表示受到神明的保护。每年的神佛诞生日,要带供品在神佛前参拜祈愿,并换上新的红丝带,叫"换絭"。等到孩子十六岁,在七月七日这一天准备牲醴供奉,或演戏来感谢,从此脱离七娘妈的保护。拜七娘妈的供品古礼是七碗麻油鸡酒、一盘面、四种水果、六色菜肴、七碗甜芋、红龟粿、两根带尾部的甘蔗、五牲等,还有香烛和金纸。有的地方还要准备七碗汤圆。②

一般人家做十六岁,除了丰富的供品,还要准备一座事先定做的

出婆姐宫

---

① 漳州市政协编:《漳州民俗风情》,海风出版社2005年,第121~122页。
② 凌志四主编,台湾人民俗编辑小组编:《台湾人民俗》(第二册),台北:桥宏书局2000年,第143页。

七娘妈亭。农历七月七日近晚，家家举行祭拜，焚烧"七娘妈亭"，并将脂粉抛上屋顶，为"七娘妈"祝寿。

而来自泉州府的台湾人，为祈求子孙平安，孩子出生之后，多至广泽尊王庙祈福，并举行"拜契"仪式，请求郭圣王、圣王妈、七娘妈等诸神庇佑。十六岁那年七夕时，在家中做完十六岁仪式后，要到庙里向诸神"谢恩"。家长将孩子"托付"郭圣王，平时生日时要拜圣王，至十六岁要"洗契"（解除"托付"契约）。其中，台南市永华宫做十六岁习俗正是渊源于泉州做十六岁习俗。

三、现代成年礼的变迁

1. 传统习俗的现代演变

压岁钱的风俗源远流长，它代表着一种长辈对晚辈的美好祝福，保佑孩子在新的一年里健康吉利。家长们喜欢选用号码相联的新钞票给孩子们，因为"联"与"连"谐音，预示着后代"连连发财"、"连连高升"。而到了21世纪，过年的红包往往由父母收起，说做学费。由于生活水平提高，孩子们也不再企盼过年的新衣服、年糕和鞭炮了。过年的年味似乎淡了，但家人团聚的形式依然延续下来。

现代人放孔明灯多作为祈福之用。近年来，孔明灯成了一种新的过年庆祝方式而迅速流行开来。男女老少亲手在灯纸上写下自己的新年愿景，或是祝愿家人健康平安，

2010年上海世博会的台湾馆

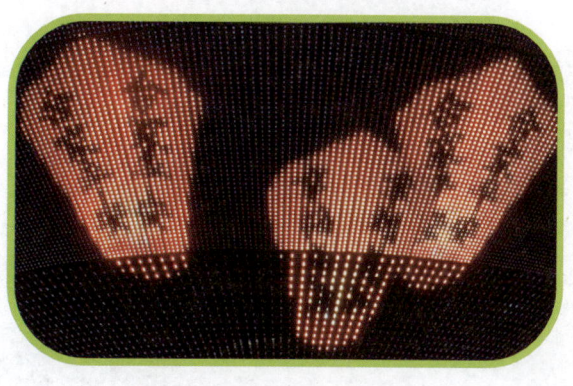

上海世博会台湾馆点灯

或是工作顺利感情顺心，然后小心地点燃蜡烛……孔明灯带着众人的心愿升空，犹如繁星点缀夜空。在台湾，节庆时节燃放天灯、祈福纳祥已成为重要习俗。2010年上海世博会台湾馆紧邻中国馆与世博轴，以"山水心灯——自然·心灵·城市"为参展主题，由山形建筑体、点灯水台、巨型玻璃天灯与LED灯心球幕组成。

十六岁是孩子成年的标志，以往多在庙里进行。自20世纪80年代以来，家长为子女做十六岁的非常普遍。尤其是泉州，常常在酒店办酒席庆祝。父母和亲友送的礼物也逐步升级，从MP4、金项链到手机和iPad。这虽然反映了当地的经济发达和高消费水平，但习俗原有的感恩色彩和担负起成人的责任意识似乎也淡化了不少。

2. 闽南文庙的成年礼活动

文庙是供奉儒家文化先祖孔子的地方。泉州府文庙和漳州府文庙都是全国重点文物保护单位。泉州文庙大成殿正厅中央供奉着孔子圣像，梁上悬挂清康熙帝御书"万世师表"，东西两侧供奉四配、十二哲人及五十六贤人，陈列祭孔礼器、乐器和泉州历代名人遗著遗物等文物共500余件。漳州文庙坐北向南，有仪门、前殿、两庑、丹墀、祭台、大成殿。前殿面阔9间，大成殿面阔5间、进深5间，重檐歇山顶，其形制较多地保持了宋式旧制，具有很高的古文化和历史文物价值。文庙培养了众多人才，他们东渡

漳州文庙

台湾，推动了台湾儒学的起步发展。台湾各地孔庙大都由闽南的工匠主持修建。台湾儒学得以发展之后，反过来又与闽南文庙保持了密切联系。可以说，文庙不仅是闽南文化发展史重要的实证物，也是闽台文化传承交流的重要见证地。

近几年，泉州市文庙文物保护管理处都会在9月28日举行祭孔典礼，春秋两季举办"新学年·拜孔子·送红蛋"活动，举行开笔礼、拜师礼、毕业礼、成年礼等颇具儒家特色的活动。2009年9月28日，孔子诞辰2560周年，泉州府文庙举行祭孔典礼，1 000余名市民观摩了大典。2009年12月海峡两岸多名专家和山东曲阜孔庙、台湾台南孔庙等知名孔庙的代表汇聚泉州，参加首届闽台孔庙保护学术研讨会。

据厦门媒体报道，一年一度的中高考临近，许多家长和学生来到同安孔庙，挂祈学牌，希望能考上理想的学校。30多米的祈学廊上，挂满了祈学牌，牌上写满祈祷的话语。有的用笔记本撕下来，写完后便挂在上面；而有的是还写有学校名字；另外大部分都是孔庙提供的祈学牌。

3. 台南的成年礼和艺术节活动

台南的成年礼仍然十分隆重。每年农历的七月初七是七娘妈的生日，台南市开隆宫为年满十六岁的青年男女举行俗称"做十六岁"的成年礼活动。这天，一大早就涌来香客人潮，热闹非凡。家长都会带着年满十六岁的子女前往开隆宫还愿。参加者在行礼祭拜后，必须穿越由父母亲抬起的"七娘妈亭"，称为"出鸟母间"或"出婆姐间"，表示孩子在七娘妈的庇佑下，已经长大成人。随后，再将以竹片和纸糊成、十分精致的七娘妈亭放入火中焚烧，献给七娘妈使用。也有的只要爬过"七娘妈"的神桌就完成仪式了。另外，外婆家也要准备衣物、鞋帽、项链、手表、脚踏车或是缝衣机、鸡、鸭等，为做十六岁的外孙（女）庆祝。礼物里的机车、脚踏车、缝衣机意味着当事人已经成年，应该学习应有的能力，习得一技之长，才能立足社会。赠送衣物或现金是期望衣食无缺，不致挨饿受冻[①]。

每年农历七月七日，台南开隆宫热闹的盛况可想而知，男孩女孩络绎不

---

① "民俗庙会——台南开隆宫七娘妈生"，台湾"文建会"网站。

乞巧

绝。因为七月七日又称"七巧会",女子在月下设香案,供生花、果物、白粉、红粉等,向织女祈求美貌、也希望自己能有一手好手艺。现在开隆宫庙庭前还装饰着鹊桥,方便年轻人"许愿"、"求姻缘"。

这项"做十六岁"的成年礼仪为台南府城所独有,非常有特色,有别于一般20岁的成年加冠礼。"做十六岁"的仪式里,有穿戴冠服、感恩祭拜、期求许愿,和接受亲属赠礼与祝福等内容,使年轻人在心灵上有从孩子变成大人的缓冲空间。不仅给年轻人提示了要承担的新的社会角色和责任感,还告诉年轻人要懂得感恩,并送上期许的祝福。

此外,台南市举办的"府城七夕16岁艺术节活动",是全台湾唯一以"十六岁"成年礼作为活动主题的文化节庆活动。据台湾媒体报道:艺术节活动包括做十六岁科仪、"七娘妈生·做十六岁"成年礼科仪展等。展览现场以"七娘妈生·做十六岁"为主轴,介绍传统社会从七巧会发展至成年礼的渊源与科仪,内容包括台湾地区(台南)、福建地区等地成年礼之风俗,台南地区举办成年礼及生命信仰礼俗的庙宇。并制作示范广告牌,展示台南做十六岁的科仪流程,提供各项供品信息及解说,让参观的民众认识这项民俗文化资产。

台南开隆宫做16岁成年礼活动

结　语

本书主要描述的是闽台地区的闽南婚育文化概况。闽南文化是闽台共有的文化形态，而婚育文化则是闽南文化重要内容之一，是闽南人的一种独特的文化现象。闽南婚育文化是普通民众的知识宝库，融入了闽南人的日常生活中，蕴涵着丰富的历史、地理、语言、自然与人生学问等多方面的知识。并在漫长的时代变迁中，不断吸纳其他文化的因素，不断发展，传承。闽南文化有着鲜明的民族性、地域性，丰富了民众的精神生活，促进了社会的和谐稳定，对台湾同胞的凝聚和向心的作用更是不可忽视。

文中叙述了不少婚嫁和生育过程中的禁忌与祈神现象。如何看待这些文化现象？男婚女嫁，自古以来就被称为终身大事。在传统时期，婚姻不但是男女双方两个人的事情，还担负家族传宗接代的任务，同时也是两个家族的结合，"两姓通好"，因此不能不特别谨慎。礼俗中包含了人们寄予的各种美好愿望，这些愿望支配了人们在结婚和生育的行为准则，因而也就相应形成了许多观念，种种禁忌随之产生。婚俗礼仪中的禁忌，表达了婚姻美满、家庭和睦、盼生贵子的愿望；生育中的种种禁忌，目的是为孕妇创造一个安静的生活环境，也包含了人们对孩子健康成长的期望。从今天的眼光看，这些禁忌中有的带有迷信色彩，不尽合理。一对新人只要两情相悦，互信互谅，共同承担家庭责任，小家庭就会幸福美满；孩子只要出生前后多加注意，优生优育，就能健康成长。否则，再怎么避免各种忌讳也没用。而且随着时代变化，科学知识的普及和医疗卫生条件的改善，很多禁忌已不复存在。当然，这些禁忌也是人们善良意愿的体现，仍然有民俗价值。

祷告神灵的内容，反映了人们，特别是女性对生育安全和健康的期望。

女性生命历程中婚育、身体病变是巫事活动最为集中的时期，因为婚育是女性面临的重大人生问题和重要转折关口。在传统社会，生育是女性的天职，更是对女性存在价值的衡量。早年医疗条件落后，怀孕的女性很容易流产、难产。女性无法把握自己的命运，陷于被动、迷惘时只能求助于超自然的神秘力量。女性结婚后，要求"注生娘娘"帮助早生贵子；怀孕后，要求"临水夫人"保佑分娩平安；婴儿诞生以后至十六岁，则受"七娘妈"庇护。现在人们都是到医院产检、生孩子。这些求神问卜的习俗和仪式慢慢减少，更多的是作为心理安慰，成为人们记忆中有趣而神秘的一部分了。

台湾闽南人的婚育习俗源自福建闽南地区，至今很多习俗都非常相似，这也从文缘上说明，台湾和大陆的联系是血脉相连，密不可分的。但在习俗传播过程中，由于台湾社会历史发展的特殊性，婚育习俗也发生了一些变化和创新，从而在两地展现不完全一样的风貌。文化传播还是一种双向的文化互动过程。台湾有些婚育习俗反过来传播到福建，影响当地的风俗。如婚纱摄影最早进入闽南就是通过台湾人开的婚纱店。这种文化交流和融合同时也是围绕文化传播而展开的社会一体化进程。近年来，海峡两岸人员往来和各种交流活动十分频繁，其中闽南的民俗文化、民间信仰起了先行作用，如以"女神妈祖"、"临水夫人"为主题的交流。随着文化交流的不断进行，互相吸收，将在海峡两岸形成新的闽南文化的文化区，共同推进闽南文化的创新、融合与发展。这种文化认同和文化交流，对于推进两岸关系和平发展也有极大的现实意义。

在时代的变迁中，一些传统婚育习俗渐行渐远，而另外一些则被汲取作为现代文化产业和旅游业的宝贵资源。海峡两岸闽南婚庆旅游文化节已举行多年。近年来闽南各地文庙举办了送红蛋、开笔、祈福以及成年礼等仪式，祝愿孩子们学习顺利。台南市每年都在文庙举行十六岁成年礼，构成台南"府城七夕16岁艺术节活动"的活动主题，吸引了大批游客。

本书所涉及的婚育文化是闽南人这一族群或民系的婚育文化，由于篇幅所限，主要以福建和台湾为主。20世纪80年代以来，随着经济的快速发展，闽台社会从农业社会迈向工业社会，整个社会面临着前所未有的挑战和考验。城市化加速，居住环境改变，家族聚居习惯被打破，三代同堂的大家庭逐渐被三口之家的核心小家庭所取代，传统家庭功能正逐步被瓦解，生活方式发生了演变。在这一巨变的旋涡中，不少传统的价值观念和行为方式有些已被弃如敝屣，有些还在苦苦挣扎。和婚育文化有关的仪式虽然仍在进行，但其真正含义却逐渐为人们所淡忘。在本书的搜集材料和写作过程中，从福建的厦门、漳州到泉州的探访，从台湾的台北、嘉义、花莲、台东到高雄的游历，在田野调查与文献记载的对照中，我们不无遗憾发现：随着社会变迁与生活节奏的改变，结婚、出生、成年等礼仪习俗已有了巨大的改变；不得不感叹：时代真是变化太快了，很多风俗失去了它生存的土壤，只能在文献里找到曾经的群体记忆。对于这些改变，是要茫然被动地接受，还是要有意识地引导？是要传承固有文化的命脉？还是跳出传统，独树一帜？不论如何选择，都值得进一步的深思。同时我们也看到，许多婚育习俗和仪式虽然化繁为简甚至消失了，但在每人的生活中，仍有许多礼俗在延续，传统观念仍然在发挥着作用。而且随着时代发展，也增加了一些新的风俗，如近年来的"婚育新风进万家，创建幸福家庭"等，反映了这一趋势。不管社会如何变迁，婚育习俗如何因此而展现不同的风貌，它都反映了其时其地的人对婚姻、生育的观念，对美满婚姻和幸福生活的向往以及对未来的祝福。

参考文献

[1] 陈支平：《闽南文化丛书·总序》，福建人民出版社，2007年。

[2] 陈耕、杨浩存、黄振良：《闽南民系与文化》，金门县文化局，2006年。

[3] 陈孔立：《清代台湾移民社会研究》，九州出版社，2006年。

[4] 刘登翰：《中华文化与闽台社会》，福建人民出版社，2002年。

[5] 葛剑雄等：《中国移民史》（第6卷），福建人民出版社，1997年。

[6] 刘登翰：《中华文化与闽台社会》，福建人民出版社，2002年。

[7] 王君定：《宓庵手抄漳州府志》，漳州市图书馆，1999年重印。

[8] 漳州市政协编：《漳州民俗风情》，海风出版社，2005年。

[9] 石奕龙：《闽南乡土民俗》，福建人民出版社，2007年。

[10] 王其钧：《金门：乡土中国》，三联书店，2007年。

[11] 杨天厚、林丽宽：《金门婚嫁礼俗》，台北：稻田出版有限公司，1998年。

[12] 凌志四主编，台湾人民俗编辑小组编：《台湾人民俗》（第一册：迎神赛会、民俗曲艺），台北：桥宏书局，2000年。

[13] 林再复：《闽南人》，台北：三民书局，1987年。

[14] 福建省民俗学会：《闽台婚俗》，厦门大学出版社，1991年。

[15] 漳州市民间文学集成编委会编：《中国民间故事集成·福建卷·漳州市分卷》，第1卷，1991年。

[16] 福建省炎黄文化研究会、泉州市政协编：《闽南文化研究》，海峡文艺出版社，2004年。

[17] 福建省炎黄文化研究会、漳州市政协编：《论闽南文化》，鹭江出版社，2008年。

[18] 方燕：《巫文化视域下的宋代女性——立足于女性生育、疾病的考察》，中华书局，2008年。

[19] 涂顺从：《南瀛生命礼俗志》，台南县文化局，2001年。

[20] 苏警予、陈佩真、谢云声编：《厦门指南》，1931年。

[21] 陈永成主编：《老福建》，海峡文艺出版社，1999年。

[22] 洪卜仁主编：《厦门旧影》，人民美术出版社，1999年。

[23] 殷伟，任玫：《中国婚育保护神》，中国文史出版社，2007年。

[24] 《人口之声》2011年第11期、2010年第6期、2010年第10期、2010年第7期。

[25] 林振礼：《宋代泉州府学石笋变迁管窥》，《泉州师范学院学报》，2006年第9期。

[26] 林明义：《台湾冠婚葬祭家礼全书》，台北：武陵出版社，1988年。

[27] 李秀娥：《台湾的生命礼俗·汉人篇》，台北：远足文化公司，2006年。

[28] 朱宁虹主编：《中华民俗风情博览·宗教信仰》，中国物资出版社，2005年。

[29] 陈垂成主编：《泉州习俗》，福建人民出版社，2004年。

[30] 泉州市地方志编纂委员会编：《泉州市志》，北京：中国社会科学出版社，2000年。

[31] 漳州市地方志编纂委员会编：《漳州市志》，北京：中国社会科学出版社，1999年。

[32] 凌志四主编，台湾人民俗编辑小组编：《台湾人民俗》（第二册：岁时节令、行业习俗），台北：桥宏书局，2000年。

[33] 片冈岩著，陈金田、冯作民译：《台湾风俗志》，台北：大立出版社，1986年。

[34] 石文诚、洪维晟等：《遇见台湾：一个多元文化的岛屿》，台南市：台湾历史博物馆，2009年。

[35] 钟香吟：《台湾婴儿命名》，载《台南文化》（台湾历史风物丛考辑录），新三期，1977年7月。

[36] 简炯仁：《台湾开发与族群》，台北：前卫出版社，2001年。

[37] 洪惟仁：《台湾礼俗语典》，台北：自立晚报社，1987年。

[38] 戴一峰等译编：《近代厦门社会经济概况》，鹭江出版社，1990年。

[39] 林国平主编，福建省地方志编纂委员会编：《福建省志·民俗志》，北京：方志出版社，1997年。

[40] 福建省地方志编纂委员会编：《福建省志·卫生志》，中华书局，1995年。

[41] 《女子也玩划龙舟》，《闽南日报》2011年6月9日，6月5日。

[42] 《欢迎明年来台湾看灯》，《晋江经济报》2010年3月1日。

[43] 泉州锦绣庄文物保护委员会山腰分会编：《桃源锦绣山腰庄氏族谱》，黑龙江人民出版社，2006年。

[44] 丁世良、赵放：《中国地方志民俗资料汇编》（华东卷），书目文献出版社，1995年。

[45] 陈桂炳：《泉州民间风俗》，中国文联出版社，2001年。

[46] 福建省人大常委会教科文卫委员会：《福建民族民间传统文化——历史·现状与思考》，福建人民出版社，2006年。

[47] 费孝通：《乡土中国生育制度》，北京大学出版社，1998年。

[48] 赵世瑜：《狂欢与日常——明清以来的庙会与民间社会》，三联书店，2002年。

[49]《做十六岁和七娘妈生》，《台南文化》（台湾历史风物丛考辑录），新三期，1977年7月。

[50]《福建省实施〈中华人民共和国母婴保健法〉办法》（1999年3月20日通过）。

[51] 杨丽祝：《歌谣与生活》，台北：稻香出版社，2003年。

[52] 李赫：《台湾囝仔歌》，台北：稻田出版社，1991年。

[53] 黄丁盛：《台湾的节庆》，台北：远足文化出版社，1992年。

[54]《土地婆扮月老 还有业绩压力》，台湾《联合报》，2010年2月3日。

[55]《'高嫁妆'现象调查》，《海峡都市报》，2005年12月12日。

[56] 林星：《文化社会学视野下的闽南文化在台湾的传播及变迁》，《台湾研究》，2009年第4期。

[57] 林星：《女性与近代福建社会变迁》，载《女性与社会变迁》，福建人民出版社，2010年。

[58] 林星：《现代化进程中闽南宗族的变迁》，《福建论坛》，2010年第7期。

[59]《闽南漳浦端午剪纸寄情思》，东南在线，2008年6月6日。http://www.66163.com/Fujian_w/news/bc/gb/20080606/djbd100667.html

[60] 文化遗产——漳浦剪纸，http://data.jxwmw.cn/index.php?doc-view-85877

[61] 第九届海峡两岸婚庆旅游文化节启动，http://www.vos.com.cn/2011/07/13_174622.htm

[62] 厦门迎亲表演，http:leadestate.comnews.aspsort=326&id=252&page=1

[63] "民俗庙会——台南开隆宫七娘妈生"，台湾"文建会"网站。

[64] 台南开隆宫做16岁成年礼活动，http://www.vrwalker.net/en/scenery_view.php?tbname=scenerys&serno=798

[65] 新学年拜孔子送红蛋，http://www.qzwb.com.cn/gb/content/2008-02/16/content_2724987.htm

[66]《泉州府文庙：推动台湾儒家文化发展》，《福建日报》，2011年5月31日。

[67]《文庙突围》，《福建日报》，2011年4月26日。

[68]《高考临近考生进孔庙向"孔先生"许愿》，《厦门日报》，2011年6月4日。

另注：本书部分选用网络资料、图片，敬请作者或照片当事人与本书著者联系。

后记

历时三年,《闽台婚育文化大观丛书》(下称《丛书》)数易其稿,终于付梓。几年的耕耘和牵挂,终于让我们有了收获的果实。

2008年,国家人口计生委开展婚育文化学学科建设工作,委托各地相关部门对民族民系的婚育文化进行实地调查、分析整理文献资料,编写"婚育文化"丛书,发挥"存史"、"资政"、"育人"的功能,弘扬各地先进的优秀婚育文化。为此,福建省人口计生委成立编写小组,编写《丛书》。中共福建省委常委、副省长陈桦为《丛书》作序,福建省人口计生委原主任雍秀英、福建省人口计生委主任池秋娜任主编。在编写过程中,雍秀英十分关心编写工作,指示有关部门协调《丛书》编辑出版工作;池秋娜从婚育文化发展、婚育风俗改造、婚育新风建设等角度对《丛书》提出了重要意见;福建省人口计生委副主任游振伟审读了《丛书》各册书稿,提出了许多重要的修改意见;中共福建省委党校副校长、教授刘大可对整套《丛书》的体例和风格给予指导和规范,明确了写作大纲和要求,执笔撰写了《总论》部分,审阅了全部书稿,提出了具体的修改要求。

《丛书》以闽台婚育文化为描述对象,力图全景式地描述闽台婚育文化的历史渊源、传承和福建婚育新风建设进程,以婚育民俗角度诠释充满神奇魅力的闽台文化的新形象。我们在闽台传统文化中不懈耕耘,祈望通过本书的撰著,将闽台传统婚育文化较为系统、全面地展现,揭示其中华文化大背景下独特的文化意蕴,并进而滤出其精华部分,剔除糟粕性因素,为婚育新风建设寻找更好的载体,为民众建构科学的婚姻观、生育观提供数千年历史发展积淀下来的宝贵资源,使当代人婚育生活更加美好。这套《丛书》能否达此目的,有待于广大读者的评判。

本书的编撰出版得到了福建省各级人口计生部门的大力帮助。中国人口出版社承担本书的编辑出版事宜，《丛书》的编辑们为本书的出版付出了辛勤的劳动。福建省人口计生委的陈厚銮处长，莆田市计生协会会长甘玉连，龙岩市人口计生委副主任谢国忠、宣传科长林宝珍，沙县人口计生局局长周灿松，柘荣县人口计生局陈宁，民间艺术家郑平芳对《丛书》的编辑出版工作鼎力相助。艺术界朋友踊跃赐稿，提供了许多精彩照片，使《丛书》图文并茂，大为增色。在此，谨致以衷心的感谢！

由于这是首套以分册形式较为系统、全面介绍闽台婚育文化的丛书，不足之处在所难免，我们真诚盼望读者批评指正。

《闽台婚育文化大观》丛书编委会